U0595714

学校治理现代化路径研究

苏　芮◎著

中国出版集团　　现代出版社

图书在版编目（CIP）数据

学校治理现代化路径研究 / 苏芮著. -- 北京：
现代出版社，2023.9
ISBN 978-7-5231-0465-1

Ⅰ．①学… Ⅱ．①苏… Ⅲ．①中小学－学校管理－研
究 Ⅳ．①G637

中国国家版本馆CIP数据核字(2023)第142989号

学校治理现代化路径研究

作　　者	苏　芮
责任编辑	田静华
出版发行	现代出版社
地　　址	北京市朝阳区安外安华里504 号
邮　　编	100011
电　　话	010-64267325　64245264(传真)
网　　址	www.1980xd.com
电子邮箱	xiandai@ cnpitc.com.cn
印　　刷	北京四海锦诚印刷技术有限公司
版　　次	2023 年 9 月第 1 版　2023 年 9 月第 1 次印刷
开　　本	185 mm×260 mm　1/16
印　　张	10.5
字　　数	244千字
书　　号	ISBN 978-7-5231-0465-1
定　　价	58.00 元

前　言

随着社会的不断发展和进步，教育事业在不断改革与创新，学校教育的发展也面临着更加严峻的挑战和更广泛的期待。学校治理现代化是当前学校教育发展的重点，加强学校治理现代化的研究，具有十分重要的现实意义和深远的历史意义。当前，学校治理逐渐向多元化、信息化、透明化和协同化等方向转型，涵盖了规划管理、资源管理、过程管理和结果管理等各个方面。学校内部多元化管理模式的形成、与校外各种利益关系的处理以及校际多渠道协作等改革和创新机制的构建，都是学校治理现代化的重要组成部分。在复杂多变的社会环境下，对于学校治理现代化的研究迫在眉睫。

基于此，笔者以"学校治理现代化路径研究"为题，详细探讨学校治理的现代化走向、学校管理与治理的演变、学校伦理共同体的价值与审视、学校治理的多维度内容、学校教师共同体治理、学校治理的现代化实践路径。

本书的特点体现在以下方面。

第一，理论和实践相结合。本书既关注学校治理现代化理论的阐释与创新，也关注实践中的问题和解决方案。

第二，知识面广，内容全面。本书主要涵盖学校治理现代化的整体框架、学校内部管理机制、学校外部环境变化对学校治理现代化的影响、信息化时代下的学校治理现代化等多个方面的内容。

第三，观点独到，前瞻性强。本书关注学校治理现代化的前沿热点和趋势，结合当前的教育政策和实际情况，提出了具有独特性、前瞻性、可操作性的理论和实践观点。

本书的完成，离不开各位专家、学者、教育工作者、管理者和同行朋友们的大力支持与帮助，在此深表感谢。由于本书的涉及面较广，知识内容较复杂，在写作过程中难免有所不足和错误之处，还请读者谅解并提出宝贵的意见和建议，以便我们进一步完善和提高本书的质量。

目 录

第一章 学校治理的现代化走向审视

第一节 从国家治理联想学校治理

"课程治理现代化是基础教育现代化的核心。"[①] 教育发展到今天，许多问题有待于我们去做具有时代特点的探讨。现代学校管理，也在许多方面需要我们面对诸多挑战。中国教育在面向现代化、面向世界、面向未来的伟大实践中，在全球教育改革的澎湃大潮中，如何建构并完善具有中国特色的学校管理体系与机制，是广大教育工作者特别是学校管理者应该倾心关注和着力解决的问题，因为它直接关系到学校的发展，关系到教育的百年大计。

一、从国家治理联想学校治理的意义

（一）从国家治理联想学校治理的理论意义

1. 推进教育领域的国家治理现代化认识

"教育治理体系和治理能力现代化作为我国的重要发展战略，推动了学校课程的系统变革，并指明了学校课程治理的现代化方向。"[②] 国家现代化的内涵向国家治理体系与治理能力现代化这一维度拓展。国家治理体系和治理能力是一个国家的制度和制度执行能力的集中体现。推进国家治理体系和治理能力现代化，对教育治理体系和治理能力的现代化具有重要的意义。研究小学教师参与学校治理，可以推进教育领域的国家治理现代化认识。

[①] 罗生全. 学校课程治理的现代化要略及其实现 [J]. 湖南师范大学教育科学学报，2023，22（1）：8.
[②] 赵佳丽. 学校课程治理现代化的公共逻辑与发展 [J]. 当代教育科学，2022（3）：34.

2. 夯实学校治理现代化改革的理论基础

学校治理是教育治理宏观概念的微观化，完善学校内部治理体系，推进学校治理能力的现代化，需要从两方面出发，即实现学校的自治和共治。学校治理的实质就是要建设依法办学、自主管理、民主监督、社会参与的现代学校制度，促进学校教育整体质量的提升。学校治理涉及多元主体，有效提升学校管理者、教师、学生、家长、企业及行业等治理主体能力，是学校治理面临的重要问题。研究小学教师参与学校治理，是学校治理的必然需求，可以为学校治理现代化提供理论基础。

3. 构建教师管理制度新趋势下的理论模型

从国家治理联想学校治理，关注教师参与学校治理中面临的新变化，构建基于流动性的教师参与学校治理的新模型，运用群体动力理论探索教师以团队为单位参与学校治理的新形式，可填补新变化下教师参与学校治理的理论模型空白，具有理论意义。

(二) 从国家治理联想学校治理的实践意义

1. 有助于提升学校现代化治理水平

从学校发展角度，学校的评估离不开教师参与学校治理。教师参与的重要制度载体——教职工代表大会及其运行，成为评价学校管理的重要指标之一。教师参与学校治理已然成为衡量学校发展重要指标的信号。从国家治理联想学校治理的研究，以群体动力理论探索教师参与学校治理的规则，直面多元主体参与带来的挑战，具有实践意义。

2. 有利于保障教师发展渠道

从教师发展角度，教师参与学校治理可以激发教师的"组织公民行为"，从而提高学生对教师的满意度，教师在学校人事制度（如教师聘任、教师起薪）、教学活动（如教材选择）中有更多的参与决策权，对教育绩效的改进发挥了积极作用。从国家治理联想学校治理的研究，以群体动力理论探索教师的人际关系、群体规范和群体矛盾，针对教师参与学校治理的意愿不足的问题提出契合教师群体发展的组织渠道，有利于教师的持续发展，具有实践意义。

二、从国家治理联想学校治理的实践

中国古代的国家治理思想中，蕴含着不少形象而经典的比喻，如将治国理政比作驾车，便是其中之一。"御"作为古代"六艺"之一，古往今来都是一项普及性较强的技能，以驾车喻治国，形象、生动且贴切，可以通俗易懂地表达政治寄托或者宣扬政治治理思想，也可以使人们从中明白治国理政的许多道理。以驾车论治国，广见于先秦两汉典籍，成为中华民族传统文化的灿烂篇章。随着历史发展的进程，驾车已经从早期的以贵族阶层为主逐渐普及到了平民大众。通晓驾车之术，从中参悟为人治国之道，并且积极身体力行，乃是上述比喻教给我们的深刻道理。在推动中华民族伟大复兴的具体实践中，应确保恰如其分地把握决策权与掌控力，以促使个人价值提升与国家发展相互融合。我们应将此视为不懈努力的目标，不断以高度热情和智慧来推动事务的良好管理和治理，以此稳健地向着更加广阔的未来迈进。这一抱负是每一位中华子民所共同追寻的崇高目标，亦是永恒不变的追求。

（一）国家治理——秉持"治大国若烹小鲜"

治理国家，掌理政务，是一国首脑的重要职责。古今中外关于治国理政的探索和实践一直没有停止过。我国西汉时期，淮南王刘安（汉高祖刘邦之孙、淮南厉王刘长之子），在其《淮南子·氾论训》中有言："治国有常，而利民为本；政教有经，而令行为上。"这句话的本义是：治理国家有不变的法则，但最根本的是让人民获利；政治教化也有固定的模式，但最要紧的是让政令畅通无阻。换言之，这是从大方向、大原则上论述了治国理政的内涵和要义。

中华民族独有的治国理政经验，最早可以追溯到 2500 多年前的春秋晚期，中国古代思想家、文学家和史学家老子（老聃，即李耳）在其传世哲学作品《道德经》第六十章中说过的："治大国，若烹小鲜。"老子怎么会把"治大国"与"烹小鲜"联系起来的典故是：商汤时期，商汤向臣子伊尹询问饭菜的事，于是伊尹建言，其大意为"做菜既不能太咸，也不能太淡，要调好作料才行；治国如同做菜，既不能操之过急，也不能松弛懈怠，只有恰到好处，才能把事情办好"。商汤听后，很受启发，遂重用伊尹。从此，历朝历代有作为的执政者，无不从"治大国若烹小鲜"中汲取治国理政的营养。

而"治大国若烹小鲜"中，"鲜"的本义是味美的食物，也指鱼虾；"治大国若烹小鲜"，基本的意思是：治理大国、管理团队，就像烹调美味的小菜一样，只要掌握规律，就可以驾轻就熟。至于掌握哪些规律，如何掌握，这需要因人而论，因事而异，因势而为，因地制宜，不能刻意死板，不能千篇一律。按照通常的理解，所谓掌握规律，即依据客观需求而不是依据某某人的臆想或好恶去采取行动。换言之，主观诉求不能左右客观需求。因此，只有用"大道"（规律）来治理天下，规范自身，才可以从根本上解决所有人的本质需求，各种力量相安无事，天地万物井然有序，世间众生和谐发展。

改革开放 40 多年以来，"治国理政"之道，日益成为国家领导者所关注的根本大计，成为新时代中国特色社会主义建设的重要课题。毫无疑问，"治""理"问题也是各级学校领导干部，必须认真面对，并且慎重思考的重大命题。由此可见，学校在面对复杂的学情时，领导者要深入了解，要有"如履薄冰，如临深渊"的自觉，要有"治大国若烹小鲜"的态度，丝毫不敢懈怠，丝毫不敢马虎，应勤勉工作。"烹小鲜"，最为讲究的就是拿捏分寸，掌握火候，不能操之过急，也不能松弛大意。事实上，除了"治大国若烹小鲜"还有很多治国理念，都体现了中华传统文化的精华，并紧密结合当前的现实情况，赋予其新的意义，既让中国的社会发展实践从中华传统文化中获取正能量，又反过来使中华传统文化精华在新的实践中获得新的生命力。

（二）学校治理——校长作为引航员

学校之"治"、教育之"理"，是每一个校长都要反复探索的理论和实践问题。领导管理一个国家与领导管理一所学校，两者完全不是一个量级，不可同日而语，但其中一些基本道理是相通的。由此及彼，见微知著，让我们很自然地从"治国"想到了"治校"。治校有常，而育人为本；为教有经，而循道为上。循，即遵循，道，是指人的发展规律、认知规律，以及教育本身的客观规律。

从校长的视角来看，当政府将一所学校委以重任时，代表着国家对其的信任，这个责任的重要性可以在例子中显现。例如，远洋公司将一艘巨轮交托给一个人，从那一刻起，那个人必须面对无边无际的大海，确保巨轮的航向。其应对各种各样可能出现的挑战，克服一切困难和风险；积极执行公司下达的每一个决策，完成每一次航行任务；引领全体船员和员工，创造令人自豪的工作成果。

所有这些意味着，校长具备引航员、责任人和行进者的角色。校务治理需要具备高度的专业素养和智慧，自信而又谨慎，从容而又精细，以掌握规律、驾驭形势。作为引航员，校长需要指挥学校避开危险险滩，克服各种挑战，确保平安前行；作为责任人，校长需要带领全体成员尽职尽责、全心全力，完成承担的使命；作为行进者，校长需要以身作则，率先示范，与师生员工携手共进，直至达到目标。

总而言之，将"若烹小鲜"的态度应用于教育人才培养，这是学校治理策略的精髓所在，也是校长生命价值的生动体现。世界万象、人类百态，都或多或少地在学校这个小社会中得以反映；学校的起伏和变化也直接或间接地影响着社会的各个角落。这就是"治国"与"治校"之间的内在联系。在日常工作中，学校治理也需要增强"若烹小鲜"的意识，不可粗心大意，思想上和行动上都要细致入微，有时还需要保持"临深履薄"的谨慎态度，例如，在校园安全、饮食卫生、疫情防控，以及突发事件应急处置等方面。

第二节　从传统管理走向现代治理

　　传统管理以"管"为主要特征，常常利用"管"代替"治"。这种管理方式通常过于宽泛和粗糙，导致管理无法到位，治理不够彻底，自然而然地无法实现精细化。我们在日常生活中，也接触到一些关于"精细化""精致化"以及"精品化"管理的话题，但是大多数只停留在局部或具体环节上，与现代管理方法论、全程性和整体性的精细化管理相比，存在着较大差距。

　　谈及治理，就可以联想到中西医结合。西医强调"治"（治疗、医治），针对表象迅速采取措施，根据病症施行药物治疗或手术，以迅速控制病情；中医强调"调"（调理、调养），针对疾病的本质分析和致病根源，通过药物调理或体质锻炼，增强机体的抗病能力。中西医的结合则采取远近并举的方式，综合远见和近处处理，以达到治疗疾病和维护健康的效果。将中西医结合的调治原理、策略和方法应用于社会和学校管理领域，即为我们通常所称的"治理"，而其中最关键的要素是"治理能力"。

　　针对当今的管理工作，人们常常在"管""治"和"理"之间徘徊。对于这三个概念在何种问题或情境下适用，进行深入、详尽、系统思考的人可能并不多。"管"与"理"，都是手段。"治"，既是手段也是目的，作为过程，是手段；作为结果，是目的。管理学意义上所强调的，在于千万不能将"管""理"当目的，而忽视了"治"的目的性取向。事实上，人们在管理实践中，往往只会满足于"管"，对一些事情或问题，常常是利用"管"代替"治"，自觉或不自觉地将手段当成了目的，以致半途而废、功亏一篑甚至劳而无功，更大的问题在于人们乐此不疲而终不自察。但是，"管"与"治"其实都离不开"理"，因而，才有"管理""治理"一说。

　　传统管理重"管"轻"理"，且多是为"管"而管，而非"管""治"相通，且"管""理"相融。为了在实践中能够正确认识和处理好"管""治"与"理"的关系，需要分析一下它们各有怎样的特点。首先，"管"经常与纪律、制度有联系，立足制度导向，因而必须确立制度体系，通过一系列规章制度来进行日常的管理。这是一种基本的管理手段，属于常规管理的一个范畴。"治"常与法律、法度有联系，立足问题导向，因而必须有计划地对工作过程进行检查、反思，对照有关法律、法规，处置暴露出来的问题，规范工作方向，制约团体中全体成员的行为，使综合治理达到一定成效。"理"常与方法、规律有联系，主要立足方法、策略导向，因而必须经常性地对各项工作、事务进行整理、梳理、料理、处理，使之更为流畅、顺利，有条不紊地进行，提高运行效率。由此看来，实践中"管""治""理"各有特点，也都非常需要，只是现代管理更强调治、理。治理的要义，大概主要在于以下三个方面。

第一，从"人治"走向"法治"。治理的成效如何，与治理者如何实行治理有关。"家长作风"等这是典型的"人治"。另外，"一手遮天"是"人治"，脱离群众的"多手遮天"也是"人治"。

第二，"制度管理"融合"文化引领"。在管理科学的认知中，制度管理、行政手段管理是最为最基础、最一般化的管理，属于表层化、浅层化的管理行为；文化熏陶、文化引领、用文化的力量来影响人们的思想、情感、意志、行为，才是管理的至高境界，应该成为人们的共识。

第三，"经验管理"融合"技术管理"。生活在信息时代，"互联网+""数据库+""人工智能+"影响着人们生活的方方面面，遍布生活空间的每一个角落。这为人们通过"E工厂""数字化园区""智能广场"等实现管理的科学化、现代化，提供了很好的条件和较大的便利。因此，现代治理必须使"经验管理"与"技术管理"相融合，互通、互补、互动，从而实现管理效率和管理效益的最大化。

加快推进教育治理体系和治理能力现代化是深化教育领域综合改革的战略目标，学校需要以构建政府、学校、社会新型关系为核心，以推进管办评分离为基本要求，以转变政府职能为突破口，建立系统完备、科学规范、运行有效的制度体系，形成政府宏观管理、学校自主办学、社会广泛参与、职能边界清晰、多元主体，共治的格局。

学校治理与国家治理虽然不可同日而语，不过，在我看来，教育治理体系和治理能力应该是国家治理体系和治理能力的组成部分之一，而学校治理体系和治理能力又当然是教育治理体系和治理能力的题中应有之义。所以，讲到国家治理体系和治理能力，作为教育工作者，特别是校长，自然会联想到学校的治理体系和治理能力问题。

国家治理体系和治理能力的现代化，以及教育治理体系和治理能力的现代化战略目标的提出，为"学校管理"走向"学校治理"的进程注入了动力。我们必须对这一转变的现实意义和长期影响有深刻的认识，并在观念上主动适应，在行为上积极跟进，以实现有效率的落实。所谓学校治理体系，是指在党的领导下，管理学校的制度体系；而学校管理能力则指的是运用治理手段来管理学校各个方面工作的能力。治理体系属于治理建设的范畴，而治理能力则是指治理实践的执行能力，这两者之间密切相关且相辅相成。

在此，有必要进一步探讨学校管理与学校治理的区别。学校管理采用自上而下的方式，由领导层进行决策，而教职工负责实施，这是传统教育管理的典型形式。相比之下，学校治理则采用了自上而下和自下而上相结合的方式，通过学校领导层的组织，广大教职工进行民主参与、协商和决策，由教职工组织实施，这体现了现代教育管理的形态。在我看来，学校从"管理"演进到"治理"，主要表现为：理论和实践上的创新，包括从人治向法治的转变、从封闭向开放的转变、从控制向协调的转变、从单一向系统的转变，以及从约束向自主的转变。总而言之，学校的治理超越了传统教育管理，是教育管理民主化的核心体现，是学校管理的一种高级形态。因此，学校教育从传统管理走向现代治理，校长在思想观念上，需要吸取学校管理的合理内核，借鉴以往的经验和教训，不断强化学校治理的意识；在实践中，要显著学校治理的基本内核，积极探索学校治理的路径、策略和方法，不断优化学校治理的行为。

在现代学校管理体制建设过程中，创新学校管理方式，构建现代学校制度，以期实现学校从"管理"走向"治理"的转变，对于建立适应当下经济社会发展，以及满足教育自身发展需求的现代学校制度而言，具有十分重要的意义。首先，推进学校治理体系以及治理能力现代化，不仅关系教育事业的现实发展，更是关系到国家民族的长远未来。"百年大计，教育为本"，一个国家的教育治理能力，事关这个国家的综合国力。因此，推进学校治理体系和治理能力现代化，学校中的每一员，都要有强烈的责任感、使命感。其次，推进学校治理体系和治理能力现代化是破解当前教育热点难点问题的需要。当前，在基础教育领域，存在管理理念与管理体制相对滞后的问题，突出表现在：依然习惯用升学率与分数管理师生，制约了师生创新能力的发展；满足于表面上的稳定，学校生气、灵气不足，潜力、活力难以发挥；现行管理体制导致教师身心俱疲、师资队伍建设遭遇多种问题等。如此现状倘若不能迅速改变，学校将缺乏可持续发展的后劲。只有推进学校治理体系与治理能力的现代化，问题才能迎刃而解。

一、从"学校管理"走向"学校治理"的思路

"实现学校教育现代化既要从顶层上整体设计与构建，也要在管理链的纵向上横向上做到突破与创新。"[①] 面对当前的实际，如何推进学校治理体系与治理能力的现代化，实现从"学校管理"走向"学校治理"，可以从以下四个方面理顺思路。

（一）确立共同愿景，凝聚发展动力

主张学校治理仅仅是学校内部事务的观点，表现出对全局的"短视"和"近视"。学校与社会的各个方面在许多情况下都是"同呼吸、共命运"的。因此，对于学校而言，在外部层面，学校必须始终与社会保持广泛而紧密的联系，特别要注重与上级教育主管部门的重大决策保持一致；在内部层面，学校治理要与学校的发展愿景保持一致，坚守教育工

---

①金术超. 教育现代化背景下学校治理效能提升的思考与实践 [J]. 教育科学论坛，2023（10）：71.

作的底线。首先，要引导广大教职工努力提升自身的综合素养；提升思想理念，践行社会主义核心价值观；扎根于本职工作，履行"立德树人"核心任务；增强学习动力，提高政策解读能力。其次，要倡导在追求学校发展的共同目标的同时，尊重个人理解的差异，努力以学校创新发展的共同愿景为基础，确立学校发展的共同价值观，通过学校的精神和文化认同来凝聚力量，激励广大教职工为学校的发展做出贡献。

（二）整改学校风气，追求卓越品质

学校发展过程中，一些教职工可能不同程度地存在着这样一些现象：在工作上，轻视规则、忽视不良行为、漠视公共事务；在人际关系上，彼此交往有疑心，团队合作有戒心，对学校发展有异心，等等。我们可以通过多种渠道，开展各种丰富多彩、潜移默化的自我教育活动，提升学校全体成员的思想政治觉悟，自觉纠正懒散、抱怨、不思进取等问题，净化学校风气，弘扬正能量，避免负效应，激发教职工不断前进的内驱力，让学校发展建立在广大师生员工良好精神风貌、心理氛围和工作状态的基础上，使学校发展品质更卓越、成效更优秀。

（三）完善制度建设，提高作风效能

第一，加强制度建设的顶层设计。科学制定学校中长期发展规划，确定学校治理的依据和师生的基本行为规范；充分反映广大教职员工、学生的意愿，凝练共同的理念，体现学校的办学特色和发展目标；着力解决学校办学中的重大问题，使之成为学校依法办学、民主管理的基本规则。

第二，健全科学合理的规章制度。遵循公开民主的程序，在学校内公开征求意见，充分讨论如学校发展规划、课程建设方案等重大问题，采取听证方式听取意见，保证师生的意见得到充分表达，师生的合理诉求和合法利益得到充分体现。制度内容要体现时代性、可行性和操作性，在师生员工中具有较强的执行力。

第三，深化问题导向的教育改革。学校治理中，要坚持以问题为导向，学会发现问题、分析问题和解决问题。例如，学校发展的核心问题——如何以教学为中心提高教育质量；学校发展的重大问题——如何加强教师队伍建设以储备后劲；学校发展的长远问题——如何适应教改趋势为未来奠基；等等。学校要努力探寻问题解决的路径，构建问题解决的模型，确定问题解决的策略，在问题解决的过程中，增强教职员工的"四个意识"，即服务师生的意识、敬业奉献的意识、进取创新的意识、精益求精的意识。

（四）鼓励机制创新，提高执行能力

第一，健全科学民主的决策机制。依法明确、合理界定学校内部不同部门的决策权，

健全决策机构的职权和议事规则，完善校内重大事项集体决策规则。例如，学校人事每年甚至每学期都有变化，越是人事变动频繁，越要依法治校；人事调配，需要相关部门、人员认真商量之后再决定。

第二，加强上下沟通，建立科学有效的师生利益诉求表达机制。学校每有重大决策，均须征求相关利益关联方的意见。决策执行过程中，要充分兼顾学校和师生员工各方的利益，畅通表达渠道，及时反馈信息，增强执行工作的透明度。

二、推进学校治理体系和治理能力现代化的举措

推进学校治理体系和治理能力现代化，是一项长期的、涉及面广泛的工作，既不可能一蹴而就，也不可能只凭校长一个人的愿望和热情就能实现目标。因此，集体的智慧与力量、学校内外部的环境氛围等，都有至关重要的作用。

（一）坚持立德树人，将价值观培养融入教育全过程

学校要坚持社会主义办学方向，全面贯彻国家的教育方针，把社会主义核心价值观转化为学生的核心素养；充分利用社会实践基地，积极开展针对性强和实效性强的实践育人活动；建立立体教育网络，形成学校、家庭、社会协同育人体系；有针对性地开展心理咨询、辅导、调查、研究，建立心理危机干预机制。

（二）发挥师生主体作用，加快现代学校制度建设

推进教育治理体系和治理能力现代化，必须立足学校这个基础，建立工作机制促进学校的健康发展，有效地激发学校内在活力。在新形势下，要加强现代学校制度建设，形成自我约束、自我规范的内部管理体制和监督制约机制。不仅学校所有重大决策都应经教育工作代表大会无记名表决通过，而且要明确制定依法治校的指标体系，建立并且完善教师申诉与学生申诉制度，让全体师生在学校治理中都能直接感受到制度的力量。

（三）发挥社会的监督作用，保证教育权力运行有序

社会监督是学校治理体系和治理能力现代化的重要组成部分。学校要主动加强信息公开，主动让社会了解，从而提高校务公开的水平与学校的公信力。学校要按照上级主管部门关于推进政务公开的要求，坚持"主动公开、全面公开"的原则，进一步加强处室职能公开、决策依据公开、办事程序公开。对学校的重大决策，要及时进行宣传，赢得社会与学生家长的理解与支持。

（四）打造和谐校园文化，促进学校综合实力的提升

学校的校园文化建设要走内涵发展的道路，要以校训、校风、校纪为载体，对办学理念和学校精神加以提炼，赋予新的内涵，把对师生的要求纳入其中并促其自觉践行，让全体师生产生自豪感、自信心。校园文化建设要做到四个显著：第一，显著本土性，即立足学校所处的区域环境的优势，深入挖掘文化内涵，让师生在乡土文化的滋润下不断成长；第二，显著系统性，即充分考虑学校物质文化、精神文化和制度文化的和谐统一；第三，显著继承性，即发掘学校文化的历史内涵，并在传承之中不断丰富；第四，显著创新性，即要体现时代特色，与时俱进。总而言之，学校治理要促进生命与自然的和谐，激励领导与群众的和谐，提升教师与学生的和谐，延伸学校与社会的和谐。

第三节　从理念世界着陆现实平台

学校"治理"区别于学校"管理"，主要表现为从人治走向法治、从封闭走向开放、从控制走向协调、从单一走向系统、从约束走向自主的理论与实践创新。相对于"管理"而言，"治理"更强调主体的多元性、参与性、协同性，它要求学校建立从人治走向法治、从封闭走向开放、从控制走向协调的治理体系，优化内部组织结构，完善制度体系建设，不断提升治理能力，推动学校转型。学校治理重在处理好学校与政府、学校与教师、学校与学生、学校与家长、学校与社会五种关系，这也是转变学校管理为学校治理的理论基础。治校理教，虽然我们一直在做，但是，真正从"治理"的角度去审视学校的办学工作，目前更多的还是徘徊于理念层面。当务之急，是要将推进学校治理体系和治理能力现代化，从理念世界着陆现实平台。

一、学校治理的关键

关于学校治理，综合政府教育行政官员和专家、学者，以及教育一线实践工作者的观念，主要应做好以下三个方面。

（一）认清学校的角色地位

我们经常使用这样一个概念，即"人民教育"。"人民教育"的根本点，在于是为人民服务、造福人民的教育。人民教育人民办，办好教育为人民，这是对"人民教育"深刻内涵的最精练的诠释。依据这样的理解，各级各类学校都是为人民、为国家培养新一代人

才的专门教育机构。学校不是政府，不是企业，也不是医院。因此，各级各类学校要淡化行政色彩，与政府部门相区别；要强调人文精神，将人才培养与物质资料生产区别开来；要倡导积极心理学意义上的教育功能，将学校育人与医院治病区别开来。

（二）认清法律的规制作用

法律规制即法律规则，是指那些经过国家制定或认可的关于人们行为或活动的命令、允许和禁止的一种规范。法律规则的上位概念是法律规范（法律规范可以分为法律规则和法律原则）。中国法学对法律规范和法律规则一般不做区分，可以通用。在中国法学中，法律规范通常有两种用法：第一种是广义的法律规范，指称法律，它包括法律原则、法律概念、法律技术性规定和法律规范四个要素。第二种是狭义的法律规范，指称法律上具有严密逻辑结构的行为规则，因此，它排除了非规范性法律要素。在实践中，规制就是设置（出台）规定进行限制。教育规制作为具体的制度安排，是政府对教育行为的管理或制约，它以矫正和改善教育机制内在的问题为目的，政府干预教育主体（特别是学校）活动的行为，包含了政府几乎所有的旨在克服广义教育失败现象的法律制度，以及以法律为基础的对微观教育活动进行某种干预、限制或约束的行为。学校治理从根本上讲是法律规制，即用教育法律法规来规范、制约学校的一切管理思想、方法和行为。这是每一位校长都必须牢固确立的意识，也是我们治理学校的"底线""红线"。"底线"作为规范，告诉我们应该怎样做；"红线"作为制约，告诉我们哪些不可以做。

（三）认清三对不同的辩证关系

第一，教育与政治的关系。主要体现为社会政治制度对教育的制约作用和教育对政治的促进作用。首先，社会政治制度对教育的制约作用表现在：社会政治制度的性质制约教育的性质；政治制度本身制约着教育的宗旨和目的、教育的领导权、公民的受教育权，以及教育内容、教育结构和教育管理体制。其次，教育对政治的促进作用表现在：教育通过传播一定的社会政治意识形态，完成年轻一代的政治社会化；教育通过造就政治管理人才，促进政治体制的变革与完善；教育通过提高全民文化素质，推动国家的民主政治建设；教育形成社会舆论，影响政治时局。

第二，教育与经济（生产力）的关系。主要体现为经济（生产力）对教育的制约作用和教育对经济的促进作用。首先，经济（生产力）对教育的制约作用表现在：生产力的发展进程，制约着教育事业发展的规模和速度；生产力的发展水平，制约着教育结构和人才的培养规格；生产力的发展状态，影响着教学内容、教学方法和教学组织形式的变革。其次，教育对经济的促进作用表现在：教育是使可能的劳动力转变为现实的劳动力的基本途径，是使知识形态的生产力转化为直接的生产力的重要途径；同时，现代教育可以生产新的科学知识。

第三，教育与文化的关系。主要体现为文化对教育的制约作用和教育对文化的促进作用。首先，文化对教育的制约作用表现在：文化知识制约教育的内容与水平、文化模式制约教育环境和教育模式、文化传统制约教育的传统与变革。其次，教育对文化的促进作用主要表现在：教育推动先进文化的传递、选择、发展和创新。

二、学校治理的"上层建筑"

教育是否属于上层建筑，多数人是持肯定态度的；学校是否属于上层建筑，还需要具体情况具体分析。"治理体系"本身属于上层建筑范畴，似乎已是多数人的共识。此处所讲的"学校治理的上层建筑"，只是一个比喻的表达形式，是指关于学校治理的思想、观念、策略、方法层面的东西。教育与办学，以下三个方面是不可或缺的。

（一）具备未来意识——思路要深远

我们知道，教育具有"滞后性"特征，因为学校培养的人才是要若干年后才真正派上用场的。若干年后的人才能否恰到好处地适应当时社会发展的需要，取决于今天学校在人才培养方面是否奠定了坚实的基础。实际上，学校做的是现在的事，培养的是将来的人，这就需要学校全体成员思想上要牢固地确立一种意识——未来意识。未来意识，是指将我们思考的立足点定位在事物发展时间线的未来那一端，所思所想、所作所为，都需要与明天有联系、与未来有联系。未来意识意味着：学校办学的思路要更深一些、更远一些。世间的事物是纷繁复杂的，常常使人有"过去未去、现在尚在、未来已来"的感觉。其实，我们已经处在各种挑战、竞争之中，不管世界如何风起云涌、变幻莫测，不管事物如何变化，在前进的道路上，我们只需始终认准一个方向、抱定一个信念，即行在当下，赢在未来。正因如此，我们的学校才必须从"管理"走向"治理"。

（二）具备前瞻眼光——视野要宽广

仅仅具备"意识"是不够的，还要能看到更远、更深的地方。一方面，教育具有滞后性，正是因为这一特征，才需要具有前瞻的眼光；另一方面，教育是为未来培养人才，如果满足于用当前的知识教给学生，那将很难实现这一教育目标。"前瞻"会因为格局、境界而不同，在低处前瞻和在高处前瞻，目之所及是完全不一样的。"望远能知风浪小，凌空始觉海波平"，视角、格局不一样，感受也将会有所不同。"山高人为峰"，"山"已高，"人"在山的最高之处，才有更宽广的视野，才能领略更美的风光。总而言之，教育作为面向未来的事业，需要我们教育工作者坚持站在更高处去"前瞻"。

（三）具备超前思维——观念要领先

仅仅可以"前瞻"还是不够的，关键是思想要跟得上形势的发展、事物的变化。大家都知道，如果一件事周期太长，可能等到终于做成时，完成这件事本身也许并无意义了，所以要超前思考，理念先行。以人工智能为例，现在人们广泛关注的脑机接口（Brain-Computer Interface，BCI）技术，即在人或动物脑（或者脑细胞的培养物）与计算机或其他电子设备之间建立的不依赖于常规大脑信息输出通路（外周神经和肌肉组织）的一种全新通信和控制技术，它作为当前神经工程领域中最活跃的研究方向之一，在生物医学、神经康复和智能机器人等领域，具有重要的研究意义和较大的应用潜力。另外，近年来，脑机接口技术得到了长足的进步和飞速的发展，并且在应用领域也逐渐扩大。

三、让学校只作为"学校"

学校治理要考虑治理体系和治理能力现代化问题，治理体系涉及教育内部诸因素间的关系，以及教育与外部的关系，需要政府统筹兼顾，治理能力现代化涉及各级教育管理者的能力素养。其中，校长的能力至关重要。通常而言，在多数人的认知中，学校是教育学生的地方，但是学校要教给学生哪些内容，怎样教育学生才能收到最好的效果，人们的认识并不统一。事实上，在许多情况下，我们并没有遵循教育规律，根据教育目标和学校特征办学，而是把学校办成了政府机关、企业或医院。这里需要澄清以下问题。

（一）学校与政府机构

比较学校与政府机构，可知政府部门是行政机构。行政，顾名思义，在于行使政令。而行使政令，需要逐层、逐级下达执行，因而具有层级分明、部门众多的结构体系，是以行政命令为主要方式的领导、执行体系；而学校的性质、功能和特点，决定了它不必有那么多的部门设置，不能简单地用行政命令的方式指挥日常运行。关于学校与政府的关系，可以十分肯定地说，学校不是也不应该是政府。从使命到组织再到运行，学校和政府都有着本质的区别。但是，现在的学校看上去越来越像一个政府机构，尤其像教育行政机关下辖的一个具体部门。"行政化"只是一个表象，现在的问题是，整个学校没有或很少体现出教育的文化，更多体现为政府机构的文化。目前，所有公立学校的校长，基本上都是上级教育行政主管部门任命的，而且普遍存在三种现象：任期不长、定期轮岗、提拔转岗，具体内容如下。

第一，任期不长，导致校长往往缺乏长远眼光，或者满足于一些较小的成就，或者只做一些表层的事情。事实上，校长是一个学校的灵魂，凡是一所好学校，必然有一个可能产生历史意义的好的校长，发展的时间至少 10 年。校长任期如果太短，是不可能有足够时间办好一所学校的。

第二，定期轮岗，是行政管理的延伸，有些地方甚至规定了校长的具体任职年限，两三年后辖区内的所有校长都要进行异地交流。最终，同样会形成上述那种，由于校长任期不长所造成的负面影响。

第三，提拔转岗，是上级部门往往特别喜欢将好学校的好校长，提拔为教育局的副局长甚至是局长，以示重用。其实，对教育重视的方式有很多种，校长之所以成为好的校长，是因为他（她）办好了一所学校，但办好一所学校并不意味着他（她）就一定可以同样成功地管理好一个地区的教育，办学和行政管理是不同的两件事。总而言之，校长就是校长，是办学的教育家。学校是教育机构，不是政府机关，二者的管理在本质上是不同的。如今，中国早已是一个高度专业化的社会，需要由专业的人去专注地做专业的事，教育尤其应如此。

另外，学校和政府机关最大的不同在于：在学校里，人和人之间在任何意义上都是平等的。开展工作主要依靠协商和说服，虽然也依靠行政命令，但效果通常很差；在政府机关，人和人之间虽然在人格上是平等的，但在工作中有上级和下级的严格界限。政策的推行主要依靠命令和服从，虽然也有协商和沟通，但通常不起决定性作用。混淆了政府机关和学校之间的差异就会给工作带来麻烦、困难和混乱。如果在学校里，在缺乏有效的民主协商的情况下，强行通过行政命令来推行某一政策，不但会引起师生员工相当大的反感，而且更多出现的情况是，也许大家表面上是服从了，但实际上，收不到任何效果，最终不了了之。因此，学校行政管理系统的运行必须建立在平等、民主和协商的基础上。

行政人员的工作不是管理教师，而应该是为教师提供服务；不是教师围着行政人员转，而应该是行政人员围绕教师。解决这个问题的根本之道是取消学校中现存的各种级别，以及和级别有联系的各种福利和待遇。学校里的所有资源都应当向教学一线倾斜，都要投入教学并且帮助学生成长的事情上。教师工资、待遇和福利的分配原则是工作内容、工作性质和工作质量，而不是级别。只有让每一位教师从内心深处感受到了平等和尊重，他们才会全身心地投入对学生的教育中。

另外，教师通常都有自己的职业发展目标。教师职业发展目标包括：成为更好的教师、成为具有更高职称的教师、成为更有名的教师、到更好的学校教书，等等。这些目标丰富而且多元，可以激励帮助教师在专业和职业道路上发展得更好。学校应当积极创造条件，帮助教师实现自己的职业发展目标。然而，如果学校更像是政府机关的话，成为管理者就会成为教师的首要目标，并且会影响其他的目标。但是，领导的职数总是有限的，级别越高，职数就越少，从而呈现出一个金字塔式的结构，由此至少产生三方面的后果：①教师之间会围绕职务晋升而展开激烈的竞争，所有在官场竞争中出现的现象，都有可能在学校里出现，会败坏学校的风气；②教师的主要精力将会集中在如何获得领导的赏识实现晋升，而不是如何提高教学质量，为学生提供更好的教育；③一些专业能力很强的教师被"提拔"到领导岗位之后，不得不花费大量时间从事一些接待性的事务性的工作，例如，办公室工作，等等。

因此，多数教师荒废了专业，至少不能像以前那样集中精力于教学。每个人都需要进步。教师也是凡人，也需要目标的激励。因此，关于教师的职业发展，在学校里最好不要形成金字塔式的竞争结构，而要形成丛林式的共生结构。每一位教师都可以从专业能力、教学方法、教育质量等方面不断精进，为学生提供更好的教育。学校的任务是了解每一位教师的需求，为他们提供必要或更好的条件，让富有经验的老教师帮助年轻教师更快的成长，最终，使得每一位教师都能实现自己的职业目标和人生价值。总而言之，推进教育治理体系与治理能力现代化的重要举措，有利于建立政府与学校的新型关系，落实和扩大学校的自主权，实现教育家办学。这样一来，我们的学校工作就可以回归教学的主阵地，校长就可以集中精力治校理教，教师就可以平心静气教书育人。

（二）学校与工厂企业

学校不是也不应该是企业。学校和企业是性质完全不同的两类机构。如果我们把学校办成了企业，也许会取得经济效益上的成功，却可能意味着教育的失败。但是，在现实生活中，我们似乎的确是按照办企业的方式去办学校的。学校看上去也越来越像一个企业，而且是一个缺乏远大理想的企业。

如果视学校为企业，则产品就是学生。对于企业而言，衡量产品的质量既有客观标准也有主观标准。客观标准是指对产品的一些主要技术参数做出统一规定的国际或国家质量标准；主观标准是指顾客可感受到的相对质量。在现实生活中，人们主要是根据主观标准而不是客观标准进行消费的。从某种角度来说，学校和学生也有类似特点：学生质量越高，更高一级的学校或用人单位就越愿意接收或聘用；学生质量越低，更高一级的学校或用人单位就越不愿意接收或聘用。但是，对学生质量的评价，要远比市场上对产品质量的评价复杂得多，即参考考试成绩。如果社会根据考试成绩来衡量学生质量进而衡量学校质量；如果学校根据这个标准去努力提高学生质量进而提升学校质量，那么，学校的产品其实不是学生，而是考试分数。学生变成了生产分数的工人，如果是这样的话，我们就非但不是在办教育，反而是在使教育走向末路。让我们从企业产品生产与学校学生培养、企业员工管理与学校教师管理两方面进行一个大概的分析。

1. 关于企业产品生产与学校学生培养

严格挑选原材料是企业提高产品质量的第一步，吸收优质生源也成为学校提高办学质量的第一要务。精明的校长们生源意识极为强烈，他们总是会千方百计甚至为此不惜一切代价地寻找成绩优异的学生。优化技术和工艺是企业提高产品质量的第二步，通过各种渠道和方式提高学生的考试成绩也成为学校的第二大法宝。既然社会通过考试成绩衡量学生质量，学校的校长、教师就会千方百计根据分数施教。加大广告投入是企业进行市场营销的主要手段，利用一切可以利用的阵地，宣传升学率以及名校录取率也是学校树立形象的重要举措。

在媒体上，在学校的围墙和电子显示屏上，学校会大张旗鼓地进行正面宣传，如果把学校办成了企业，我们看到的将是：为了提高学生的考试成绩，学生不得不接受大规模的长时间的高强度训练；为了提高学生的考试成绩，教师不得不变成"监工"，让学生使出最后一丝力气，以获得更高的分数；为了提高学生的考试成绩，从早晨起床到夜间的休息，学生的时间被严格规定。如果社会用"考上北大清华的数量"来衡量一所学校的办学质量，学校就会把少数成绩优异的学生集中在一起，为他们配备最强的师资力量，提供最好的资源和条件，而弃广大学生于不顾。这样做除了良心也许会受到谴责之外，不会有任何其他后果。但是，这实在是教育的悲哀。因此，学校必须考虑每一个学生的成长，因为每一个学生都是一个家庭的珍宝，将来也会是社会中一个负责任的成年人。学校必须树立学生正确的价值观，教会他们建立负责任的人生态度，凝聚他们的社会共识，强健他们的体魄，让他们做好迎接未来挑战的准备，而不是训练他们在经过上万次重复后，考出一个高分，为学校赢得声望和市场。这是学校最根本也是最重要的责任，没有任何其他社会机构能够替代。

2. 关于企业员工管理与学校教师管理

对于任何一个企业家而言，企业管理的核心就是解决两个问题：激励与监督。激励关心的是怎样让人尽可能多地工作；监督关心的是怎样让人尽可能地减少工作时的休息。现实中，企业无论大小，管理员工的方式都是大同小异的：一种是时间管理，即计时工资制；另一种是数量管理，即计件工资制。如果把学校当成企业来看待，教师就变身为工厂的工人。问题在于教师是一类非常特殊的职业，他们从事的不是物质产品的生产，要像对待工人那样来对待，很多情况下根本行不通。作为管理者，既无法根据教师的工作表现来判断，因为他在同样的行为中是否投入精力，或者投入了多少精力很难看出来，也无法根据教师的工作结果来判断。

教师的工作对象是学生，学生受教育的效果往往要等很多年后才能逐步显现。因此，教师是无法被监督的，至少无法被有效监督。为了提高教育质量，只能采取激励的方式，唤起教师心中对孩子的爱，对教育的情怀，以及自身的职业荣誉感。只有真正调动起教师对教学的热情以及积极性，他们才会主动地全身心地投入教育中。在教育实践中，成功的学校在教师管理上，大体采取了相同的办法：招聘之前极其严格，反复考察之后才决定聘用；一旦聘用，就会给予教师充分的信任和自由；在学校事务中，给予教师充分的参与权、自主权和决策权。我们一定要清醒地意识到：教师是不能被"管"的，他们只能被尊重和信任，即尊重他们的劳动，尊重他们的专业，尊重他们的价值，唤起他们内心的良知以及对教育的激情，相信他们能真心对待学生，教好学生，这样的效果要比所谓严格、规范的管理好得多。

第二章 学校管理与治理的演变

第一节 中小学的组织管理

一、中小学组织管理的认知

（一）班主任与班集体的组织管理

1. 班主任的管理

班主任不仅是班级的组织者、教育者，也是青少年发展中的精神关怀者，在班集体建设、学生发展和学校各项工作的开展和加强校内外联系等方面扮演着多种角色，行使着多种职能。班主任在具备一名合格教师具有的各种素质前提下，还应具备当代管理者的素质。

（1）班主任的定位。班主任在学校中担当着一种教育管理角色，不仅是班级的组织者、教育者，也是青少年发展中的精神关怀者。对班主任的角色给予明确定位，具体有以下方面。

第一，班主任是初中日常思想道德教育和学生管理工作的主要实施者。思想道德教育是初中教育的组成部分，它要通过学校教育的多种途径来进行，包括品德与生活（社会）课、各科教学和班主任工作。由此可见，班主任本身就负有对学生进行思想道德教育的任务，他与专门的品德课和各科教学所进行的思想道德教育不同，是思想品德教育的主要实施者。在品德与生活、品德与社会课程中，学生接受系统的思想道德教育，提高道德认识、培养道德情感、训练道德行为。在语文、数学等各科教学中，学生通过相关学科知识的学习，接受科学态度和价值观的教育；而班主任则是在品德课和各科教学之外的大量时间里，巩固和加强学生在品德课上获得的认识，丰富学生的道德情感体验，引导学生的道德行为，使之养成道德习惯。对初中学生的日常管理除了思想道德指导外，还包括环境管理、学习指导、安全与法规指导和卫生与健康指导、学生评价等，这些工作主要由班主任负责实施，确保教学工作的顺利进行和学生的全面发展。

第二，班主任是初中学生的人生导师。班主任作为学生的人生导师，要在心目中规划每个学生成长的蓝图。初中生自身的知识经验有限，也尚未形成正确的人生观、世界观和价值观，需要班主任对其人生的发展给予有力的指导。班主任在工作中，凭借自身的知识经验和在学生心目中的威信，帮助学生确定人生目标，规划人生蓝图，帮助学生提高认识水平、分析判断的水平、掌握知识的方法和解答学生所遇到的各种疑惑。

（2）班主任的作用。

第一，教育作用。初中学生处于长身体、长知识和形成良好品德的初期，其健康成长离不开教师精心指导，尤其在学生全面发展、能力培养、身心健康方面，班主任发挥着一般学科教师无法取代的作用，这是因为：与学科教师相比，班主任与学生接触的时间相对较长、机会较多，比较了解其特点、成长状况，能针对学生具体情况为其指明努力方向，及时进行各方面的教育，引导学生全面发展。班主任工作时刻关系着、联系着学生，对学生成长负有全面的责任，这就使得班主任的影响具有全面性、深刻性、持久性特点。班主任工作既要对学生进行全方位的品德教育，又要指导学生进行有效的学习；既要关心学生的身心健康，又要对学生进行审美教育；既要在各种有益活动中培养学生能力，还要发展学生的个性；等等。班主任是班级的直接管理者，对每一个学生负有教育的责任，对每一个学生的素质起着重要的作用。在工作中，班主任按照班级工作计划，有目的、有组织地开展多项活动，并借助自己的知识、行为和威信，对学生产生有形的、无形的、多方面的、不同形式的教育影响，激发学生接受教育的追求，使学生学会做人，学会做事，促进学生健康和谐发展。

第二，组织与指导作用。一个班几十名学生虽有共同发展特征，但又各具特点，而且他们对教育、教学和自身发展有不同的要求和发展的可能性。班主任将学生组织成有效的班集体，既能保证学校各项工作的顺利开展，使每个学生获得教育教学计划所要求的一般发展，又能通过丰富多彩的班级活动，促进不同学生的个性发展。良好的班集体对每个学生的健康发展有巨大的教育作用，良好的班集体建设需要班级全体学生的参与，但是班集体建设工作是以班主任为核心的一个指挥、执行和监督的系统工程。在这个系统过程中，直接参与者，是以班主任为首的班级全体成员，包括班级任课教师和班级学生。班集体建设间接参与者，是学校有关领导、共青团、家长委员会等。由于他们对班集体建设的认识、教育方法不同，为了使他们保持工作目标的一致性、教育要求的统一性、教育活动的协调性，共同搞好班集体建设，就需要班主任积极协调，疏通各种有利于班集体建设的渠道，形成合力，努力实现良好班集体的形成。在培养和建设班集体的过程中，班主任既是领导者、教育者，又是组织者、指挥者，在整个班集体建设中，处于核心地位。培养班集体是班主任工作的重要内容，需要班主任做大量深入细致的工作：组织和指导学生确立班集体的奋斗目标，选拔培养班委会干部，培养正确的舆论和良好的班风、学风，指导学生开展多种有意义的教育活动，逐渐确证和巩固学生的主体地位对班集体进行自主管理，等等。

第三，沟通与桥梁作用。初中学生的成长受到多方面因素的影响，班主任的特殊地位决定其是校内外多种教育力量的协调者，是沟通学校、家庭和社会三方面教育的桥梁：首先，学校虽是学生发展的主导力量，但可能存在教师与学校之间、教师之间、教师与班主任之间、学校各部门之间要求不一致的现象，如何将其统一在学校教育目标之下，需要班主任沟通协调；其次，不同学生受到的家庭影响不同，这些影响不可能完全与学校要求一致，也需要班主任沟通协调；最后，现实生活中的学生受各种社会现象影响，如何沟通学校、家庭、社区，使三者形成教育合力，采取一致措施影响学生，还需要班主任沟通协调。所以，班主任是沟通学校、家庭、社区教育影响的协调者。班主任要明确自己的角色和责任，以自己为纽带构建学校、家庭和社会三方面力量配合的网络。班主任通过多种方式与家长联系，对家长进行家庭教育的指导，让家长成为班级管理的助手。同时，班主任应积极参与社区工作并给予有力指导。

2. 班集体的建设管理

良好的班集体既能产生强大的凝聚力，培养学生的自我教育能力，还能协调各方面的影响，使班级管理效果事半功倍。所以，班主任一定要重视加强班集体建设。

（1）班会是班主任和班级学生活动的主要舞台，是班主任围绕着特定的主题对学生进行思想品德教育的一种主要形式，是形成良好班集体的途径，也是学生进行自我教育的有效方法。班会活动能促进学生形成健全的班集体、正确的集体舆论和优良班风；能培养学生的集体荣誉感和责任感；能进一步满足学生在德、智、体、美各方面的需求；能培养学生的创造精神和工作能力。

（2）课外活动是指学校课堂教育、教学活动以外的各种活动。课外活动是班集体的构建要素，有目的、有组织的课外活动是班集体建设的主要途径和方法，而课外活动达到的水平和取得的成效也是班集体形成的主要标志。课外活动可分为两类：一类是教学实践活动，目的是为配合某些学科知识的实验与考察；另一类是德育实践活动，如军训、生产劳动、公益劳动、为民服务、社会考察等，这两类活动，都是在教师组织、指导下，让学生走向社会、了解社会，并通过实践达到一定的教育、教学目的。

（二）课堂教学组织管理

教师在课堂中主要履行两大职责：建立秩序和促进学习。建立良好的课堂秩序，需要教师进行有效的课堂管理。课堂管理行为是教师课堂教学行为的一个重要组成部分。

从教师对课堂控制的角度看，课堂的组织管理就是教师为保持教学活动顺利进行而采取的措施，以及教师在课堂内的整个行为和相关的课堂活动，包括课堂环境的安排、课堂秩序的建立和维持、对学生行为的监督、对违反课堂纪律行为的处理以及指导学生的学习，等等。

课堂的组织管理的意义在于，为学生提供一种明确的组织与结构，维持课堂秩序，激发学生的学习动机，降低学生的焦虑水平，提高教学工作的成效。具体表现为以下方面。

第一，维持良好的课堂教学秩序。课堂教学秩序指学生在教师的引导下有序学习的氛围。它是课堂教学得以展开的前提和条件。课堂秩序的建立和维持既需要学生内在的自觉守纪意识与努力，也需要教师外在的管理与约束，是学生自律和教师他律合成的结果。离开一定的课堂管理，就难以保持良好的课堂秩序，就难以实现预定的教育、教学目标。

第二，约束和控制有碍学习的违纪行为。课堂违纪行为是指学生在课堂内发生的干扰教师的教和其他学生（也包括学生本人）的学的行为，是教师和一切与教育工作有关的人员所关心的重要问题。由于各种因素的影响，学生进入学校后，总会发生各种各样的违纪行为，这些违纪行为的出现破坏了教师的课堂教学组织以及井然有序的教学进程，也妨碍了学生个体的学习与发展。当学生出现有碍学习的违纪行为时，有效的课堂管理将有助于抑制和控制学生的违纪行为。

二、中小学组织管理的内容

（一）学校组织基层的变革

1. 管理结构

学校组织的管理结构是指学校内部由多个职能部门组成，这些部门之间相互协作、相互支持，为学校的正常运转和发展提供各种支持。

学校管理结构一般包括校长办公室、教学办公室、教务办公室、学生工作部、招生办公室、后勤工作部等职能部门，这些部门相互配合、协作，实现学校整体管理。一般而言，学校管理结构应该具备以下特点。

（1）层级分明。在学校管理结构中，各个部门之间应该有清晰的分工和职责，上下层级之间应明确分工，各部门要互相支持和协作，共同完成学校目标。

（2）协调一致。学校各部门之间应该实现职能协调，加强部门间沟通和协作，共同制定学校的发展规划和管理制度，保证学校内部运作的协调一致。

（3）高效务实。学校管理结构应该注重高效务实，降低管理层级，提高管理效率，避免行政冗余，加强执行力，让学校更加注重教育教学和学生发展。

（4）创新发展。学校管理结构应该注重创新发展，鼓励各部门创新，培养和吸引优秀人才，推动学校不断发展。

总体而言，学校管理结构是为了实现教育教学目标，保证学校正常运行的组织结构模式，在实际应用中需要注重合理分工和职责划分，加强部门间沟通和协作能力，提高管理效率和响应效能。

2. 课程开发

（1）课程开发原则。

第一，差异性原则。差异性课程的核心思想是以尊重人的个性为根本出发点，从学生的实际情况、个别差异出发，有的放矢地进行有差别的课程教学，使每个学生都获得最佳发展；学校在课程安排上，充分考虑不同学生的潜能方向，重视不同层次学生的学习需求，最大限度地满足不同学生的潜能发展，启迪属于他们自己的独特智慧，为他们未来的理想实现奠定基础。

第二，合作性原则。校本课程的开发要把握国家课程与校本特色的合作力度，要借助社会资源和学校团体力量的合作方式，要充分运用教师特长与学生兴趣的合作探索，合作开发，合作教学，合作分享。

第三，科学性原则。深入系统地学习与课程改革相关的理论，借鉴外来的有益经验，结合本校实际，实事求是，以科学的精神和严谨的态度，解决本课程教学过程中遇到的实际问题和困难，积极反思，完善课程教学的内容、方法。边实施边总结，创造性地开展工作。

（2）课程开发要求。

第一，明确校本课程开发工作要求。校本课程开发要根据不同类别课程教学实施的特点，提出具有针对性的开发工作要求。首先，实践类校本课程应从学生身心发展实际出发，紧密结合社区发展、文化传统，学校的办学理念和特色，学生的思想、学习、生活实际，利用现有条件，合理确定开发内容，分年段设计，体现针对性、系统性、层次性和连续性。其次，学科拓展类校本课程的开发按照年级划分，根据学校的课程时间安排，设置多个专题。

第二，规范校本课程开发的选题立项和过程管理。校本课程开发是学校落实国家课程纲要依法办学的具体体现，也是促进学生发展核心素养的基础工程。校本课程开发是一个民主开放的课程决策过程，尤其是在校本课程开发的选题立项初始阶段，严格把关特别重要。

首先，学校贯彻落实科学规范校本课程开发的选题立项工作，确保校本课程开发工作符合总体规划和课程开发方向，满足学生发展核心素养和学校品牌建设的发展要求，确定校本课程开发实施的科学性、适切性、可行性和实效性。学校坚持依托课题研究和第一课堂进行优质资源互补共享，继续加强《小学语文素养在课后服务中有效落实的实践研究》《新时代家校共育机制实践研究》《小学一年级学生文明礼仪养成教育的实践与研究》等校本课题的研究工作，从课内走向课外，从校内走向校外，推进课程建设的成效。

其次，学校借鉴语数学科课堂教学科学规范管理中的合理举措，规范校本课程的教学过程，同时又要针对校本课程的本质特点，按照校本课程的实施环境，采用多元化、个性化的管理举措，确保校本课程按照课程计划落实到位，顺利实施，取得成效。

最后，学校充分认识校本课程资源研发、教学实施与形成性开发的交错融合特点和创新性要求，高度重视校本课程的教学研究，把校本课程教研工作纳入学校常规教研活动安排之中，加强校本课程教研活动的计划、实施和效果的考核管理，确保校本课程教研活动落到实处，取得成效。

（3）课程组织保障。

第一，建立健全学校课程开发组织。学校设立以校长为组长的课程开发小组，校长宏观调控学校校本课程开发及指导，副校长负责校本课程设计指导和组织协调工作，各部门分别进行三类课程开发和设计，教研组拟订校本课程开发资料，年级组具体负责校本课程的设计与实施。

首先，组织领导小组和评审委员会。领导小组是校本课程开发实施的管理决策机构，负责制订校本课程开发实施的方案和具体实施计划，制定和不断完善各项规章制度。校本课程评审委员会审议校本课程开发过程中的决策组织，协助制定《校本课程改进实施方案》，指导校本课程的开发。

其次，组织协调小组。在领导小组的统一领导下，相关部门负责人组成一个校本课程研发管理小组，组织实施计划、执行、检查、评估全校各门课程及各教研组的课程教学工作；组织协调各教研组的各项工作的关系，落实各项课程管理措施，部署执行《校本课程改进实施方案》，终审校本教材和计划，检查与监督其执行状况。

最后，组织课程实施小组。根据校本课程开发规划的课程门类，课程实施小组由有相关课程的任课教师组成。主要是制订好本门类校本课程的教学研究活动计划；对教师进行指导，确保完成学校校本课程管理的各项要求：及时反映课程实施过程中出现的问题及教师的教学需求；研究学生的实际状况，为课程管理提供依据；联系教师之间的合作，全力促进课程的构成。培训教师队伍，决定校本课程的设置和课务安排，组织校本教研，编著和初审校本教材。

第二，争取校外专家团队指导。为了科学规范校本课程开发，不断提高校本课程开发水平，促进教师的课程研发专业化水平，学校聘请有关专家组成校本课程开发专家组，对学校校本课程开发工作提供理论引领和工作指导，从开发纲要到具体的实施开发内容、教材优化整合进行分析、论证、指导把脉，突出办学理念，保障学校的校本课程开发实施过程沿着科学高效的研发道路不断前行。

（4）课程管理执行。

第一，加强教育，提高管理认同。学校师生参与了民主订立制度的过程，但每个师生对制度的理解力和接受度仍会高低不齐，要通过教育培训，宣传造势，营造氛围，让师生更深切地感受到学校制度所要达至的愿景，明确自己的权力、责任和行为的边界，将有利于提高师生对制度的主动执行水平，为学校文化建设和学校发展营造良好的内环境。而社会各界如能形成对学校制度文化的正体认，也有利于减少学校在制度执行时的外障碍，为学校文化建设和学校发展营造良好的外环境。

第二，树立权威，规范执行制度。制度要起作用，就要有权威，而只有规范公正高效的执行制度，制度权威才能得以树立，制度执行的效益成本性价比才会更高。所谓规范，就是依章执行，按程序执行。所谓公正，就是执行要以事实为依据，以制度为标准，处置准确，宽严适度，而且要公开透明，对事不对人，确保所有学校成员在制度法规面前人人平等，不仅要公正的管理，还要公正的评价、考核和奖惩。所谓高效，就是通过深入调查获知真实原委，在维护师生合法权益、适当考虑情理的前提下，依法果断地执行。为使学校制度执行更加规范公正高效，必须在学校制度文化建设过程中，强调公平、正义、程序、成本、效益、质量、落实、细节、责任等理念意识，同时对制度执行的过程和结果加以有效监控，防止管理者滥用执行权，防止暗箱操作，防止执行变形走样。

第三，刚柔相济，提升执行实效。刚性执行确有必要，这是推进制度文化建设的必由之路，但柔性执行也不可缺少，因为制度面对的是有生命、思想、个性、感情的人，如果一味生硬执行，往往达不到应有的效果。因此，在具体的执行过程中，首先，要一方面照章办事公正执行，另一方面全面地辩证地分析问题，力求执行公正服人。其次，奖惩要结合，既要以惩来强化刚性约束，又要以奖来强化柔性激励。最后，制度执行与思想教育相结合，领导在执行制度时，要作风民主，要增进与师生的交往与交流，从需要、动机、情感等多维角度来加强与师生的心理沟通，强化对师生的正向激发。只有这样，师生的抵触情绪才能减少，制度的静态文化才能更顺捷地转化为动态文化，自觉执行制度的内驱力才能持续生发，从而使制度管理从外在约束渐次演进到内在自律，不断提升师生的自我约束和自我管理水平。

第四，领导带头，增强说服力。制度运用好坏的关键之一是领导能否带头执行，公则明，廉则威，领导班子只有身先士卒、率先垂范，才能更好地维护制度的权威性，产生良性的上行下效效应。同时，对执行制度的先进模范典型，要予以表彰奖励，鼓励广大师生向他们学习，这样既能激励先进典型进一步创优争先，也会对其他师生产生示范和引导作用。

3. 管理智慧

学校管理注重艺术之道，提升技能与技巧，提高管理实效。

（1）文化浸润法。通过打造具有创意、具有正能量、具有感染力的艺术文化，熏陶师生，以形成共同的理念或价值观：勇于创新、精于艺术、善于合作。

（2）赋能智管法。学校赋予每一个部门、每一个岗位、每一个教师、每一个班级、每一个学生自行制定规则的权利，让师生进行自我约束、自我管理、自我创新。班级、学校的各种活动，尽量让学生和教师组织。

（3）创意奖评法。改革评价制度，让所有学生、教师都有获得奖励的机会。例如，学校设立"诺贝尔科创奖""达·芬奇艺创奖"等；每位教师、每个学生都可以自主向学校申请奖项，经学校评审委员会评审通过即可颁奖。

4. 制度原则

（1）以人为本。制度主要是与人沟通，因此所有的体系设计和规则要求都要体现以人为本，做到在规范人和教育人的同时，充分地尊重人、理解人、帮助人、激励人、解放人。

（2）开放民主。任何一项制度的生成，都不可能靠少数人闭门造车就可以完成。只有秉持开放的态度，才能吸纳更多经验，集中更多智慧，整合制定出更有效的学校制度。例如，可通过对外开放，借鉴吸收国内外众多学校在制度文化建设上的先进经验，吸收专家学者和社区群众的意见，还可通过对内开放，鼓励全校师生积极主动提意见建议，让他们从学校制度的执行者和服从者，同时成为设计者和参与者，在制度最终通过之时，还要召集利益相关者全体与会，并实行多数同意原则，如此方能体现制度生成的开放性和制度生成的民主性。通过这样的开放民主，不仅有助于集思广益，而且传达了一种人文关怀，表达了对人的尊重。更重要的是，开放民主的过程可以加深师生对制度的理解，获得深刻的教育，还可培养他们的主人翁意识和民主意识。

（3）与时俱进。一方面，学校制度的生成是一个动态的过程，需要通过实践来不断加以检验，以不断修正完善；另一方面，当学校的每个成员都能根据既有制度形成稳定的行为方式时，原有的规范就在一定程度上失去了存在的价值，又需要建立更高层面的规范。因此，学校制度的生成必须在实践中不断与时俱进、动态完善和适时提升。

5. 管理规划

（1）修订规章制度，适应学校发展。修订和完善已有的学校各项管理制度，确保管理制度落到实处；修订和完善学校章程，推进学校依法办学、依法治校；做好绩效工资的调整工作，完善岗位设置，加大内部管理力度，充分体现多劳多得、优劳有得、奖勤罚懒的原则，进一步完善评价激励机制。

（2）加强民主管理，增强决策监督。充分发挥党组织的监督保障作用；进一步规范民主决策机制，完善集体议事、民主决策科学管理的运行机制，强化工会监督职能；进一步落实以教代会、校务公开、党务公开、网站信息发布等为基础形式的民主管理，加强群众监督力度。

6. 制度生成程序

（1）广集意见，博取样板。广泛征集学校师生和社区群众、家长、权威、学者的意见，大量收集国内外同类学校的制度建构体系，充分吸纳各种意见、经验和智慧。

（2）整体构思，形成体系。在占有上述资讯材料的基础上，结合本校实际，成立制度文化建设专门班子，通过反复酝酿，整体构思，形成学校制度的全面体系框架，明确各层次各方面究竟需要些怎样的制度。

（3）考量旧制，选准方向。对学校既存制度进行考量审查，对照学校最新的精神文化价值，确定哪些制度需要继承，哪些制度需要改良，哪些制度需要新创，哪些制度时机不成熟，暂时搁置订立。

（4）分工负责，完善制度。或引入校外智力，或筛选校内精英，以分工负责的形式，订定完成学校各层次各方面的制度。亟待完善的制度迅即制定，核心制度优先制定。

（5）实践检验，动态更新。学校制度一经订立，就要再次征求各方面意见特别是师生的意见，反馈后再行修正，经多数同意后才组织实施，并通过后续实践来不断改进提升，以使学校制度更加完善有效。

（二）扁平化管理

扁平化管理是指以平等、协作的方式组织和管理学校，弱化传统的严格的上下级关系，实现各职能部门的平等合作，达成共同目标。具体而言，中小学校的扁平化管理应该实现以下方面。

第一，减少层级：取消或缩小中间层级，实现管理过程的简化和多元化的组合，这样能够更加灵活地运用各层人员的优势，充分调动他们的积极性和创新意识，从而提高学校的工作效率和管理水平。

第二，强化职责：加强各职能部门的运营和实际工作，明确其权责，使各部门之间有一个清晰的分工，协作的关系更加高效、定位更加明确。在建立有效的任务分工和责任布局新阶段中，确保实施的流程更加透明、协作更加顺畅，使管理层面重点沿着教师培训、课程设计、学生事务、家长关系等关键领域改进和调整。

第三，强化合作：充分利用团队的力量，弱化传统上下级层次的界限，使各部门之间形成协作机制，避免单打独斗的状况。

第四，提高人员素质：加强职员培训和发展，提高他们的知识水平和专业技能，增强他们的组织协调能力和解决问题的能力，从而提高他们在工作中的满意度和协作性。

中小学校越来越注重创新教育，扁平化管理模式的出现能够形成管理层面效率和效果的双重提高，使学校可以更加灵活地响应日益复杂和多变的教育市场。

（三）德育管理

1. 德育目标与现代德育分析

（1）德育的目标。德育是教育者培养受教育者品德的活动。德育是思想教育、法纪教育和道德教育的总称。德育教育包括家庭德育、学校德育、社会德育。德育教育是当今中国社会思想教育的基础，对学生进行良好的德育教育是广大教育工作者所肩负的使命，对学生未来良好的发展起到了奠基作用，所以应把德育教育放在所有教育工作的首要核心地位。德育的目标主要分为以下三个部分。

第一，爱国、爱人民，认同中华文化。教育引导学生热爱祖国，热爱人民，认同中华文化，继承革命传统，理解基本的社会规范和道德规范，树立规则意识、法治观念，培养公民意识，掌握促进身心健康发展的途径和方法，养成热爱劳动、自主自立、意志坚强的生活态度，形成尊重他人、乐于助人、善于合作、勇于创新等良好品质。

第二，培养学生初步树立坚定正确的方向。德育应教育学生树立坚定正确的方向，热爱祖国，热爱人民，立志为现代化建设事业努力奋斗。

第三，引导学生逐步确立科学的人生观和世界观。学校德育应教育学生正确地认识与处理个人、集体和国家的关系，正确认识人生价值，树立全心全意为人民服务的思想和科学的人生观；还要培养学生勇于实践、实事求是的作风，养成尊重科学的态度，提高辨别是非的能力，形成辩证唯物主义和历史唯物主义的世界观。

（2）现代德育。现代德育是现代教育的有机组成部分，对现代德育的理解与对现代教育的理解是一致的。现代德育可以从"时间概念"和"性质概念"两个维度理解。从时间上分析，现代德育是相对于古代德育、传统德育而言的。从性质上来看，现代德育与社会现代化、人的现代化是密切联系的。因此，对现代德育的理解应从现时代的性质即现代性方面进行探讨。现代德育是以现代社会的经济、文化的发展为基础的，是建立在现代社会背景下的德育，因此它有现代性的内涵和特征。对现代德育可以做这样的表述：现代德育是以现时代的社会发展、人的发展为基础，促进社会现代化和人的思想道德素质现代化发展的德育。现代德育应置身于现代社会发展过程中，为现代社会和现代人的发展服务，实现人的道德素质现代化和社会道德的现代化。

2. 基于发展学生核心素养的德育创新路径

根据时代与科技、经济的发展，以及教育的自我发展，产生了"核心素养"，核心素养又包括三方面、六素养，其中分为文化基础、自主发展、社会参与三个方面，综合表现为人文底蕴、科学精神、学会学习、健康生活、责任担当、实践创新六大素养。只有在其基础上才可持续发展生命历程的人性、能力、品质。如果核心素养是以动态的网络化的方式存在的，那么各种素养则是素养体系的网络节点，是联合事物之间的主要部分。

核心素养在众多素养中位于中心位置，在素养网络中也扮演着重要角色。核心素养主要有以下两种不同表述：①人需要有核心素养才能更好地适应信息时代及加快对社会的认知，拥有在不可测情景时依旧可以解决烦琐问题的高级能力；②发展核心素养是指应具备能够适应终身发展的能力，必备随时能满足社会发展需要的品格。

培养核心素养是德育的重要内容，结合养成教育实践，有计划分阶段引导学生完成"十二个学会"的成长目标，既是学校基于校情的常规德育工作，也是培养学生核心素养的德育创新实践，必然对学生成长产生重要影响。此外，"十二个学会"成长目标分别为学会爱国、学会自主、学会学习、学会运动、学会劳动、学会自护、学会阅读、学会交往、学会礼仪、学会感恩、学会环保、学会创新等。"学校围绕目标，立足课堂，基于核心素养培养，带领孩子积极走出校门，走向社会，走进自然，采取多维度、多层次的立体教育方法，开展富有创新意义的德育实践活动"。①

（1）参与社会。学生积极参与社会活动，可以全面提升自己的核心素养，学生应具备能够适应终身发展和社会发展需要的必备品格和关键能力，既包括通过学习获得的文化基础，也包括通过参与社会活动获得的实践能力和担当意识。

①徐志辉. 基于发展学生核心素养的德育创新与实践 [J]. 中小学德育，2017（6）：42.

（2）积淀人文。人立足于社会的主要基础是文化，学校是育养人才之地，要把重点放在引导学生习得人文、科学和掌握各领域的知识技能上，传承人类的优秀文化成果，培养学生的内在涵养。

（3）自主成长。自主性是人作为主体的根本属性。学校教育的终极目标是让学生未来皆有幸福生活，拥有良好的自律习惯，才能高效管控自己的学习与生活，学校为了让学生能够从容地适应这个复杂多变的社会，要积极正确引导学生对自我的认知，挖掘自己的潜能，从而实现人生价值，在变优秀、变强大的道路上越走越远。

（四）教学管理

1. 教学管理的目标

（1）重视提高教学质量。传统应试教育环境下的教学管理目标，过度注重量化教师的日常教学活动，却忽视了教师的教学质量。教师是教学管理的参与者、执行者，教师素质的高低直接决定着教学管理的成败。在素质教育背景下学校管理者应当加强对教师教学过程的观察和引导，而不是仅仅让教师完成一定数量的任务。学校管理者在组织教师进行教学时，要规定教师必须认真进行备课，注重提高教学水平和改正自己的教学失误，鼓励教师相互之间进行教学心得的交流。学校管理者还可以根据学生对教师的教学满意度来评定教师的优劣，而不仅仅是看所带班级的考试成绩。当然，量化教师教学活动也是一种可行的办法，但不能过度依赖量化管理，因为素质教育主要是看学生是否得到全面发展。[①]

（2）注重教师的职业道德教育。在素质教育背景下，教学管理者需要加强教师的职业道德建设，让教师给学生做好榜样。在学校教师队伍中，要培养先进带头人，起到一个示范作用。只有通过各种职业道德教育活动，切实提高教师的敬业精神和道德水平，才能更好地促进学生道德素质的提升。

（3）让学生和教师的个性得到充分发展。在教学管理过程中，若片面要求教师必须服从上级领导的安排，学生群体必须听从学校领导和教师的命令，则不利于学生和教师的个性发展，也不利于素质教育的开展。素质教育强调学生之间的个体差异性，注重根据学生的个性特点进行因材施教，为每一名学生的发展和提高提供可能。因此，教师应该把课堂还给学生，让学生主导课堂进程，并且教师在日常教学活动中要注重调整学生情绪和学习态度。同时，学校管理者应该给予教师更多的自由，多一点建议，让教师多参与到学校管理活动中来。学校管理者要注意优秀学生、中等生、后进生的差别，从而要求教师加强对不同学生群体的教育。

---

① 全面发展即人的全面发展，指人的体力和智力的充分发展，又指人在德智体美各方面和谐的发展。

2. 教学管理的原则

(1) 管理主体的多元性原则。管理主体的多元性要求学校在课程管理中要明确各级职能组织的权责，让每一级机构都能在课程管理中发挥自身的作用，这与自上而下分层管理的分工在本质上存在明显区别，各级职能机构并不是不对等的权责利害关系，需要对上级部门负责，而是充分放权过程中让每一级组织机构学会选择自己的行为方式和重点并自负其责。

(2) 管理过程的复杂性原则。管理伴随课程实施过程的始终。首先，课程实施不是独立于教师与学生之外的过程，既同管理者的教育和管理观念有关，也同教师的专业素养与学生的知识结构、态度情感密切相关，它完全依靠教师的专业活动进行，这要求管理者应认清并理解教师和学生个人价值观的影响。其次，课程管理充满不确定因素，很难做到准确预测。科学主义管理理论企图简化管理过程，通过总结出普遍的管理定律指导人们的实践活动。受到科学主义思想熏陶的人们虽然知道事实并非如此简单，却宁愿接受这一理论，因为它满足了追求简单的心态。

(3) 管理情境的多变性原则。管理情境的多变性是由课程实施情境的多样性决定的。课程实施既要考虑学校的具体情况，如学校所在的地域或社区的经济文化发展状况、当地教育管理水平以及学校自身办学传统、师资力量等，又要考虑具体课程实施的条件，如教学设施、师资学历、知识及年龄结构以及学生人数及年级分布等。课程管理在不同时期遇到的问题，会因为主要矛盾的不同而表现出差异，这种差异正是由以上众多因素的不同组合造成的。学校在课程管理中应能清楚自己的状况，准确抓住课程实施面临的主要矛盾和问题，制订适合特定情况的计划。

随着课程实施的推进，在学校内部系统与外部系统交互作用下，先前的问题和矛盾会转化为其他矛盾和问题，使课程实施的情境发生变化，这又要求课程管理及时调整重点、修订计划，甚至重新确定目标。初中课程实施中，不同科目、不同类型的课程会有不同的要求，这也使课程管理情境具有多变性。不同科目、不同课程类型对教学设施、教学环境要求不同，具体实施步骤、策略以及形式更是各不相同。

3. 教学管理的机制

(1) 有力的组织机制。

第一，践行校长负责制。校长的政治思想水平和管理水平不断提高，在工作中尽职尽责，把学校办出特色。

第二，实行岗位责任制。这一做法明确教职工的岗位责任，促进了学校领导用科学的方法管理学校，向管理要质量，向管理要效益，向管理要发展。

第三，推行教职工聘任制。这一做法使教师队伍结构趋于合理，启动了竞争机制，有能力、有责任心的优秀教师能够充分发挥才干与潜力，使教师的责任感、紧迫感增强，形成自我提高的动力源。

（2）科学的教研机制。

第一，结构合理的教研组。每个年级组根据学科需求，成立结构科学合理的教研组，由资深教师牵头作为教研组长，确保本学科教学长效进步。

第二，常态听课评课机制。定期听课评课，定期召开教研分享活动，彼此学习，相互交流，博采众长，逐渐缩小教师间的教学能力差距，共同提高教学质量。

（3）和谐的合作机制。

第一，学校与社会合作。学校可通过多种媒介，联系家长、社区及社会资源。如通过家长手册、微信群向家长提供教育政策、学生指导等健康、有用、安全的信息；可招募家长志愿者支持学校工作，参与学校育人活动；可带学生走进社区，服务社区；可请专家走进学校，指导发展。

第二，教师合作教学。教师可通过"互联网+"进行学习，可通过教研组相互请教，也可通过结对互助提高效率，通过合作，创新教学手段，更新教学内容。

第三，学生合作学习。学生可进行小组合作学习，也可参加合作探究活动，共同完成材料收集与整合，共同攻克难题，体验帮助他人的快乐，感恩被人帮助的真心。

（4）合理的评价机制。

第一，对教师评价。在教学实施过程中，教师实施教学必须有计划、有进度、有教案、有评价记录；教师应按学校整体教学计划的要求，达到规定的课时与教学目标；教师应保存学生的作品、资料及在活动、竞赛中取得的成绩资料；对教师实施校本课程全方位进行监督检查，并将检查结果纳入量化考核，工作实绩载入业务档案。

第二，对学生评价。过程性评价与总结性评价相结合，诊断性评价与增值性评价相结合，参考核心素养及教育质量综合评价相关指标，更新学生评价的理念，以发展的眼光看待学生，以个性的评价标准对待学生，使学生评价更为科学合理，积极鼓励学生正向发展。

（五）教师发展管理

1. 坚持党建引领，建设高素质专业化干部教师队伍

（1）提高党性修养，加强师德师风建设。

第一，提炼党建品牌，深度融合党建文化与学校文化。加强支部建设，定期开展主题

党日、组织生活会、党员政治生日、民主评议等活动。培养入党积极分子，进一步加强党政宣传和思想教育等学习教育活动。

第二，加强干部队伍建设。充分发挥党管干部的积极作用，大力培养青年后备干部。提升干部队伍的管理效能，加强管理专项培训，促进干部队伍的梯队建设，形成一支忠诚、干净、担当的干部队伍。

第三，拓展师德教育载体，定期开展师德培训，学讲用结合。完善师德评价机制，将师德考核纳入教师绩效考核，建立师德"一票否决制"。鼓励老师争做"四有好教师"，开展"师德之星"评选活动。

（2）加强师资培训，提高教师育人水平。

第一，健全教师激励制度，把业务能力及成绩与职称、绩效考核相结合，满足条件的教师破格晋升。提高教师工作积极性，为教师发展搭建不同层面的专业平台，为教师发展疏通通道，构建阶梯式成长体系。建立分层培养机制，实施分级分类培训，新教师制定自我发展规划，骨干教师提升科研课题研究能力，资深教师提炼教学思想，不断更新观念，提升理论水平。通过集中培训、外出考察学习、教学观摩、专家入校指导等方式促进教师专业成长。

第二，建立教师科研支持体系。引导教师加强教学实践问题的思考，通过申报个人课题，进行教学研究，提高育人水平。通过对教育领域重难点问题思考，倡导教师成立科研团队申报规划课题，团队合作进行深度研究，提高教师团队的整体科研水平。对立项的个人课题及规划课题给予专家支持和科研经费支持，通过课题指导、学术研讨、学术分享等方式提高教师研究水平。鼓励教师梳理和提炼课题研究成果，积极主动创造成果宣传机会，为教师公开发表论文提供平台和机会。

（3）建立团队合作机制，促进新老教师优势互补。

第一，实施"教师发展合伙人"计划，明确计划的基本目标，确定参与形式和范围，探索实施途径和方法，促进新老教师交流。结对教师涵盖全学科的教学与教研。老教师积极深入课堂，现场诊断或以身示范，给予新教师以经验指导，促进教师队伍结构与素质的协调发展。

第二，利用集团校各成员校之间的协作优势，建立有利于教师专业发展的跨校交流机制。建立教师发展共同体，定期举行跨校教师教研、科研、文体等交流活动。鼓励集团校教师相互观摩和评价，邀请专家进行指导，提高课堂教学品质，为教师专业成长助力。

2. 深化教学与评价改革，提高教育教学质量

（1）重构教学基础模式，创新学科教学方法。

第一，梳理各学科教学环节，提炼与学校文化一致的教学基础模式。组织相关研究，构建教学基础流程图。深入课堂实践，检验教学模式的有效性。整理教学基模，形成课堂教学评价标准。全面引入评价标准指导课堂教学。

第二，加强先进教学方法的理论学习，通过培训、阅读、专家指导掌握新的教学方法。积极在课堂上运用新的教学方法进行实验，观察和记录实验结果，进行有效反思。建立"大学科""大课堂"综合教学观，探索学科融合的教学方法。有机结合项目式学习，延伸创新思维，形成鲜明的教学特色。

（2）探索教育评价工具，打造"和谐"评价标准。

第一，解构"和"与"谐"的评价内涵，结合学生发展的核心素养，打造"和谐"评价标准。从学生评价的目标、过程、内容、方式等方面进行改革创新，探索符合本校校情、学情的评价指标体系。优化学生评价手册，通过实施"和谐"评价标准，定期评选学业、品德、体质俱优的"和谐"学子。

第二，探索全员发展评价体系。联合第三方机构引入专家，设计科学、合理、易操作的评价模型，分别建立学生全科成长档案袋、教师专业发展档案袋和家校协同育人档案袋。确定档案袋的内容和设计形式，规范档案袋的使用方式，健全档案袋的管理，建立使用档案袋的基本标准，设计、录入、存档等环节均由专人负责。并对干部、教师、家长、学生加强档案袋运用培训，保障教师、学生、家长的信息安全和评价效果。

（3）融合教育技术与课程教学，构建教育新生态。

第一，增强信息技术与全学科教育教学的融合，促进学科之间的互联与协作，实现教与学的数字化。紧跟信息技术升级步伐，不断升级创新教学方式。完善互联网+教育模式，运用微课、慕课、云课堂等线上教学资源，破解教学难题。鼓励教师创作电子教学资源，通过互联网进行共享，形成优质教学资源库，促进区域教育优质均衡发展。

第二，打造具有现代信息技术特色的校本课程，提升学生信息素养，提高学生运用信息技术解决问题的能力。开展多样化的信息教育活动，丰富校园学习生活。拓宽线上教学渠道，探索集团校、片区校、友谊校、共同体等线上教学资源共享机制，尝试打造家庭、社区、企事业单位等线上课堂，运用新媒体方式，构建"人人可学，时时可学，处处可学"的教育发展新生态。

第二节　现代化学校的治理

一、依法治校

我国中小学法治教育是将中小学生作为法治教育主体，并对其进行权利与义务、公平与正义、规则与秩序等方面的教育。随着学校法治教育的开展，学生对青少年权利与义务的了解取得了一定成效，但由于学生在现实生活中很少直接面对法律问题，仅靠课堂和活动进行法治教育，并不能根植学生的法治意识。既不能真正理解法律的公平与正义，也难以实践维权的规则和秩序。学校是社会的缩影，因此，依法治国背景下的法治教育在中小学层面也应是依法治校背景下的法治教育。对中小学而言，依法治校、明确责任是法治教育有效实施的顶层设计；讲解法律知识、参加实践活动是法治教育取得成效的途径；制定权益保障规则，法治化生活及制度是法治教育深入人心的必要保障。

（一）依法治校——明确法治教育责任

1. 依法治校，实施民主管理

我国法治教育在中小学阶段尚存在一些问题，例如学校层面规章制度的欠缺，缺乏对中小学领导权力、教师行为规范、学生奖惩规则的表达。有研究表明，要落实法治教育，仅靠编制和实施法治教育课程是远远不够的，还得依靠学校生活本身的法治建构。如果学生一边进行法治教育，一边身处"非法治的"学校生活，那么严重的背离将直接导致法治教育的低效甚至无效。因此，依法治校就是法治教育的最好途径之一：学校制定章程，使管理有章可循；建立健全各项制度，使学校的各项工作以法纪为准则正常运转，为依法治校提供制度保障；根据章程进行校内民主管理，完善校内监督机制，建立教工会和教职工代表大会，成立家长委员会，聘请社会监督员等。

2. 明确岗位，建立法治教育责任制

研究表明目前中小学法治教育缺乏统一的组织领导体系，法治教育整体规划也比较滞后，影响中小学法治教育的实际效果。那么学校进行法治教育，第一步便是要建立法治教育责任制。责任制指各项工作由专人负责，并明确责任范围的管理制度，它是具体规定了各个部门、各类人员的工作范围、应负责任及相应权力的制度。学校为实现法治教育目标，应将责任制贯穿制度本身，各部门在职能范围中明确法治教育职能，建立工作体系并

评价、监督其实施效果。例如，光谷四小建立了校长、书记亲自领导，校外法治副校长和后勤副校长分别负责法治教育和法治环境保障，学校党政服务中心具体负责的法治教育工作机制，学生成长中心具体负责班会、队会及各种活动中法治教育内容的落实，课程管理中心负责法治课程的教学。

3. 落实责任，实施绩效管理进行评价

岗位责任制除了明确规定其职责、权限外，还需要按照规定的岗位绩效标准进行考核及奖惩。对于学校的法治教育责任而言，绩效管理尤其重要。研究表明法治教育的评估体系不够完善，教育行政部门对中小学法治教育的评价主要采取座谈、听汇报的方式。学校为落实法治教育责任，应有一套绩效管理方案，并纳入每年的绩效评估考核。

（二）普法教育——增强师生法治意识

在学校各部门统一行动的工作制度下，学校除规定的法治课程外，还可以通过主题讲座、主题班会和实践活动进行普法教育，增强师生的法治意识。

1. 主题讲座，加强法治意识

权责解读讲座是学校法治教育的重要手段之一，如针对未成年人的权益举办论坛、开展公益讲座，研讨青少年权益保护，预防未成年人犯罪等。通过与高校法学院联谊，运用高校志愿者资源举办主题讲座，为中小学生解读日常经典案例，使他们对未成年人犯罪的后果有一定认识，形成知法守法、遵守校规校纪的法治意识。例如，光谷四小以12月4日"宪法日"为契机，把每年的12月作为"法治教育宣传月"，开展丰富多彩的法治教育系列活动：邀请法治教育光谷博士志愿团、与法律从业相关的学生家长等多方资源来校举行法治教育讲座；联合中南财经政法大学法学院志愿者协会星火燎原事业部开展"预防未成年人犯罪"为主题的讲座活动，以典型案例让同学们了解到未成年人犯罪对自己以及家庭和社会的危害，深入浅出地讲解相关知识，同学们积极回答服务团团员所提出的问题，发表自己对于未成年人犯罪的看法，从而引导同学们知法守法，预防犯罪。

2. 主题班会，普及法律知识

班会是学校集体活动中最主要的组织活动之一。它是在班主任领导和指导下或者是同学自发的，以班级为单位，围绕一个或几个主题组织的对全班同学开展教育的活动。主题班会是除课堂教学外最规律的校内课堂活动，定期开展，能为持续、有层次地普及法律知识提供时机。例如，光谷四小通过举行"法在我心中"的主题班会，进行了宪法学习、关爱女童、交通安全、禁毒、食品安全、消防安全、反校园欺凌等内容的专项教育，以专题的形式贴近生活地学习法律法规，而不是枯燥地学习法律条文，便于学生加深印象和实践

运用。

3. 实践活动，强化守法行为

多元化、活动式、体验式的教育实践是法治教育的生命力所在。实践活动的方式有很多，参观、警示、演讲、竞赛、展览、模拟表演等都可以调动学生参与的积极性。例如，举办法治小报评比活动，学生以小组为单位，以专项法治教育为主题，自由查阅资料，手抄宣传小报；进行模拟演练，通过模拟法庭审判或戏剧表演来理解法律法规的设定；举行法治知识竞赛、演讲比赛，让学生以个人或团体的形式参赛，以竞争带动法律知识的熟练和巩固。又如，光谷四小举办了"学宪法讲宪法"主题演讲比赛，通过演讲比赛的形式来提高小学生学宪法、讲宪法的积极性，要求小学生在认真学习宪法的基础上，反映自身的所见所闻所思所想，抒发自己的真实情感，阐述对宪法的理解，从而使学生深入了解宪法、尊崇宪法，弘扬宪法精神，增强法制观念。

（三）合法权益保障——创建校内外法治环境

学生通过课程及活动了解法律知识后，还需要通过建构法治化的学校生活及制度体系，使依法治校的实践与理念真正深入人心，法治教育的推进才能获得坚实的实践基础。

1. 法治化制度体系，设立学生申诉制度

青少年法治教育就是树立青少年学生法律信仰的培育过程，使青少年学生信仰法律能够在现实生活中付诸行动。学校应建立、健全法治监督体系，在监督和制衡学校公共权力运作的过程中推进法治教育的有效落实。学校在教育学生法律知识的同时，还应充分尊重学生的人格，保护学生个人发表见解的权利，并依法为学生维权。

例如，光谷四小建立了申诉意见箱，依法维护学生各项权益；成立学生申诉机构，依照制度接受学生维权申诉。当学生认为学校和教师作出了不当行为，教师或其他人员侵犯了学生的合法权益时，学生都可向申诉机构提出申诉。学生申诉机构是校内申诉委员会，是负责处理校内学生申诉的决策机构，由党支部、校长室、学生发展中心等部门代表组成，可接受申诉人书面提出申诉，并在学生成长中心设立学生申诉办公室作为职能部门，负责受理学生的书面申诉或口头申诉。在接到学生或监护人的申请书5日内，符合受理条件的应当受理，并通知当事人；不符合受理条件的，也应通知申诉人不予以受理，并说明理由，做好记录。确认受理后，申诉办公室组成三人以上的调查组，针对申诉的内容进行调查、核实。在收到申诉书受理的三十日内，对申诉事项进行全面调查核实并作出处理决定，以书面形式通知当事人，由当事人签字后存档。不服申诉处理决定的，可于收到处理决定书之次日起十五日内以书面形式提出再申诉，以一次为限，附原申诉书及原处理决定

书。受理小组在收到再申诉书十五日内召开会议，并于会后三十日内作出书面处理决定书。例如，逾期未作处理或对再处理决定不服的，申诉内容涉及人身权、财产权的，申诉人可依法提出诉讼。如需撤回申诉或再申诉，可在申诉办公室作出处理决定前申请撤回。

2. 法治化学校生活，保障师生安全环境

法治化学校生活不仅体现在校园内，学校及其周边环境也对学校法治教育存在影响。开放式的办学让学校参与社会的机会越来越多，对社会资源的依赖也越来越强。受破窗效应影响，如果不能净化校园及其周边环境，法治教育有效性将大打折扣。破窗效应是指环境中的不良现象如果被放任存在，会诱使人们效仿。因此，学校必须净化周边环境，保障师生安全，这就需要加强与城管、社区的相互配合。例如，光谷四小校级领导带头值班，检查记录日常安全管理并登记整改隐患，强化"校园安全、人人有责"的思想；安保人员、家长义工以及社区干部按一定规则在学校门口维持秩序；多次邀请城管、派出所的干警以及社区领导到校，针对周边环境净化及持续整治共同商议长效方案，如依法排查周边隐患，学校周边200米范围内没有网吧、没有游戏机室、没有非法经营摊点等。学校、社区相互依存成为教育"共同体"，依法治校也愈加显示出其强大生命力。

二、学校章程

（一）学校章程制定的现状

建立学校章程其关键是要处理好一些重点、难点问题，其中学校章程要体现科学性：要界定学校的办学自主权，明确学校的权限；学校内部管理结构的改革；依法治校。而难点则是学校章程的执行：如何强化章程的权威性和约束力，真正有法可依、有法必依；学校与政府关系的重新定位，政府不要对学校管得太死。真正做到按章程办学，落实学校办学自主权，才是确立现代学校制度的关键。

（二）学校章程的管理内容

学校章程是学校的重要管理文化，在学校管理中起到非常重要的作用。学校章程规定了学校的组织、管理、运作、教学和校务等相关内容，对学校管理具有非常重要的指导作用。学校章程一般应包括以下管理内容。

第一，学校办学宗旨、目标和定位。明确学校的办学宗旨和目标，确保学校的发展方向和战略目标。

第二，学校的组织架构和管理理念。包括学校管理机构和职能部门的设置、管理流程

和人事任免等内容，确保各部门间职责合理分配、运作协调一致。

第三，教学和学生管理制度。制定学校的教学管理、学生管理、教师管理、校园安全管理、财务管理等各项制度，规范学校各项管理流程。

第四，学校的财务管理制度。明确学校的财务收支管理制度和内部控制机制，确保财务透明度和资产安全。

第五，学校的文化建设。规定学校内的文化建设，包括校训、校风、校歌、校讲等内容，塑造学校的良好文化氛围。

第六，师生权利和义务。明确学校开展教育工作时，师生的权利和权益，同时也规定学生和教师的义务和责任，促进师生健康成长和教学水平的提高。

第七，学校的评估标准和办学成果考核方式。规定学校的评估标准和因应措施，切实促进学校管理和教学的不断创新和提升。

总而言之，学校章程是学校管理中的重要组成部分，它反映了学校的管理理念和管理方式。正确制定并遵守学校章程，能够使学校开展教育工作更加有序、高效，并使学校不断发展，提高学校的核心竞争力。

（三）学校章程的管理策略

第一，立法明确规定学校及校长的权责利。通过政府立法的方式，如出台"学校法""校长法"或"校长管理条例"等，厘清校长办学与行政管理的关系，明确界定校长的权责，使校长的权责利相统一。政府在保证学校正常办学的人事编制、财政经费和基本的办学条件的基础上，真正给校长办学自主权，放开并落实校长的人事权、财权、事权等，减少并规范政府对学校的行政审批制度，依法保障学校充分行使学校办学自主权和承担相应的责任。

第二，科学规范制定学校章程，不断提高学校章程的质量。学校要科学制定学校章程。首先，要明确规定学校章程的制定原则和规范程序，制定和发布具有一定法规效力的学校章程管理政策文件，确保学校章程的制定和落实处于法制轨道上进行。其次，要强化学校章程的法律地位。学校章程一经上级主管部门核准，就成为学校主管部门及学校的共同意志，具有《中华人民共和国教育法》所赋予的法律地位。政府及学校主管部门要以制定和实施学校章程为契机，切实转变管理职能，切实依照法律规定和学校的章程管理学校。再次，参与起草的人员组成也应该科学合理，其校内工作背景应覆盖学校管理事务的各个层面，讨论并确定章程的基本框架，根据工作背景的紧密性和熟悉度分工起草，力求章程制定的全面性和符合学校管理的实际情况；最后，还应该尽可能吸纳具有法律类学科背景的人员加入章程起草小组，以保证学校章程的合法性和文本规范性。在完成学校章程初稿之后，起草小组应及时采取各种形式吸纳学校其他教师、家长代表等公众力量的意见和建议，再据此对初稿不断进行修改和完善，形成富有学校特色的章程文本。

第三，加强学校章程专项监督程序建设。从大的范围来看，我国中小学章程建设仍处在探索阶段，完善的依章办学机制尚没有建立起来，因此，需要对学校章程的建设进行专项监督，以保证学校章程建设工作的质量和效率。一方面，教育督导应将依章办学作为督导工作的重要内容，作为一项常规性的督导工作；另一方面，学校所在的社区、家长委员会也应积极参与到对学校依章办学的监督中来，认真履行相应的监督职责，帮助学校依章程办好学；同时第三方机构也可以参与到对学校依章办学的监督中，对学校进行客观中立的评价监督。

三、多元参与

现代化学校治理中的多元参与包括学校内部师生参与和学校与家长、社会的广泛参与。学校内部师生参与主要体现在学校民主管理体制的建立和发挥。学校应该鼓励师生参加学校管理和决策，充分听取各方面的意见，让广大师生能够思考和推动学校的发展。学校与家长、社会的广泛参与主要体现在以下方面。

第一，家长和社会的参与。家长和社会在学校治理中发挥了重要作用，他们可以通过家长委员会、教育咨询委员会、社会参与等形式参与学校的管理和决策，在学校决策过程中提出宝贵意见。

第二，社交媒体和网络平台的参与。学校可以通过社交媒体，如微博、微信公众号等来交流和沟通学校的行动，与广大师生和家长实现实时互动。

第三，外部专家学者的参与。学校可以邀请外部专家学者来参与学校的管理和发展，为学校提供专业知识和意见。

总体而言，现代化学校治理中的多元参与是学校管理的必要要素和重要保证。它可以充分发挥各方面的智慧和力量，推动学校改革创新和提高教学质量，推进学校民主化、法制化、科学化建设，实现学校的可持续发展。

四、家校社一体化

推进现代学校制度改革，密切学校与家庭和社区的联系，优化学校内外的教育环境，努力构建学校、家庭和社区三位一体的育人体系，将学校教育、家庭教育与社区教育有机结合，促进学校教育改革，提高学校办学水平，根据国家及省市教育部门的有关规定，建立学校、家庭和社区协作机制。

（一）家校社一体化的指导思想

第一，教育是全社会都要共同关心的事业。学校、家长和社区肩负着不同的教育职能，具有各自的教育优势。学校、家长和社区应明确自身的教育使命，主动承担相应的教育责任。只有把学校教育、家庭教育和社区教育各自的教育优势充分挖掘和彰显，构建三位一体的教育共同体，才能全方位实现育人目标。

第二，学校、家庭和社区协作机制是学校为了推进民主管理进程，以儿童发展为本，开发和利用社会资源，吸纳关注教育事业的社会人士参与、监督学校教育管理和教学，实现学校、家庭和社会三位一体育人教育理念而组建的教育协作管理系统的结构及其运行机理。

第三，学校、家庭和社区协作机制成立的宗旨是：以"共同的孩子"为核心，以"沟通、协商、共享、提高"为原则，充分调动社会各界人士关心和参与教育的积极性，发挥校外资源的优势和社会参与及监督作用，实现家校互动、学校与社区互动，促进学生身心和谐发展，形成教育共同体，以提高学校办学水平，最终达成学校、家庭和社区多赢。

（二）家校社一体化的组织机构

第一，协作机制由学校、家庭和社区三方面人士结合组成。其成员应由关心孩子成长，热心教育，热情支持学校工作的教育工作者、家长代表、社区干部及热心人士共同参与组成。

第二，协作机制的领导机构是协作委员会。委员要求包括学校领导、教职工代表、家长代表、社区干部及热心人士，最好邀请相关街道干部代表、区教育局代表和教育专家代表参与。

（三）家校社一体化的机构职能

第一，教育职能。协作委员会要充分开发和利用学校、家庭和社区三方教育资源的优势和特色，实现资源共享，互利互惠，为学生身心健康发展共同搭建平台。

第二，管理职能。协作委员会要参与学校的民主管理，对学校财政收支状况、内部管理条例、教育质量及教师队伍进行监督、咨询和质询。协作委员会要对学校的大型活动、发展规划、规章制度建立、组织运行机制建设等有知情权，参与相关的决策活动。

第三，协调职能。协作委员会要协调相关教育资源的使用，主动关注并尽力缓解家庭与学校之间、学校与社区之间的矛盾，构建和谐社会。

（四）家校社一体化的机构职责

第一，根据教育法规、学校实际情况和发展需要，审议、通过学校的办学理念、发展规划及重要决策。

第二，根据教育行政机构和财务机构的有关规定，列席学校年度经费预决算方案。

第三，根据教育法规，审议、通过学校工作汇报、重要决策和重大活动的方案。

第四，参与对学校依法办学行为的监督，参与对学校办学行为的考核和评价。

第五，广泛收集家长及社会各界人士对学校的意见和要求，加强对学校工作的宣传，树立学校良好的社会形象。

第六，关心和了解学校的发展，积极参与学校的重大活动或组织听课等，积极为学校的可持续发展谏言献策，定期向学校提交改进工作的提案。

第七，积极为学校建设、学生成长、教师发展和学校教育教学改革争取物质、经费、政策、智力等方面的支持。

第八，指导家长委员会开展工作，加强学校与家庭、社区之间的沟通和交流，促进学校、社区教育资源的整合、共享，承担社区、家庭、学校互动的日常协调工作。

（五）家校社一体化的组织管理

第一，协作委员会设理事长2人（学校和社区方面各设1名）。委员若干名。理事长、副理事长、常务理事、秘书长、副秘书长组成常务理事会。

第二，协作委员会的办事机构为秘书处，负责代理常务理事会实施理事会的有关决议，处理协作会的日常工作。秘书处设在学校内。秘书处在理事长领导下由秘书长主持日常工作。

第三，协作委员会成员分工一般采用协商式，如果无法协商应当通过投票选举产生，得票多的人选当选。

第四，协作委员会选举和表决时，需要全体代表出席人数超过三分之二为有效，选举和表决各项决议人数以超过三分之二为有效。

第五，协作委员会每届任期一般为3年，可连选、连任。

第六，协作委员会因辞职、死亡或其他原因被解职或解聘时主动丧失其协作委员会委员资格，该委员名额由协作委员会补选。

第七，协作委员会应在当届协作委员会任期满前3个月开会选举下届委员，并将新协作委员会成员名单报请区教育局核准备案，由原协作委员会理事长召开新协作委员会会议，推选新教育协作委员会理事长。

（六）家校社一体化的管理对策

1. 进一步健全民主管理体制

（1）学校民主管理。民主管理必须做到分权，权力可集中在学校的理事会、董事会等集体决策机构，没有大多数人的投票通过，关于学校的任何一项决议都不能通过。建议校长进一步完善校务委员会和教职工代表大会制度、建立学生代表大会制度和家长委员会制。

（2）校长的选拔和任命去行政化。建立校长后备人才遴选和公开聘选制度，教育行政部门委托第三方根据校长办学能力、办学绩效、任职年限、办学满意度等评定相应职级。结合民主推荐与专家考核，将教育管理专家纳入学校决策体制。推行校长任期考核目标责任制，以加强民主管理与监督。

（3）家长委员会的民主选举。通过民主的方式选举家长委员会合适的成员，给予家长委员会管理主体地位是突破当前学校管理和建设瓶颈，实现学校长远发展的根本性问题。只有作为学校的管理主体之一，家长委员会才能深度参与学校民主决策和管理，特别是对关乎家长和学生切身利益的事项提出意见和建议。家长与学校共同做好德育工作，及时与学校沟通学生思想状况和班集体情况，做好思想工作，协助学校开展安全和健康教育，支持和推动减轻学生课业负担，营造良好的家校关系。

2. 完善学校指导下的家长委员会普遍建立的条件

我国目前的家长委员会制度的运作仍然是以学校为主导，家长被动接受的方式，要从模式创新入手，借鉴西方国家家校合作的先进经验和我国居民委员会、村民委员会等群众性自治组织的原则，结合中小学教育实际，构建本土化的家长委员会模式。而且家长委员会的权利行使范围要从监督学校工作扩大到整个教育工作，甚至可以和教育督导相结合。要将学校指导下的家长委员会工作研究深透，不断培养家长委员会的自主和自治的意识。地方各级教育部门要切实加强对家长委员会组建工作的领导，把建立家长委员会列入工作议事日程，制定发展规划、工作计划和具体的实施意见和办法。把建设和组织家长委员会作为教育行政干部和中小学校长的培训内容之一。深入调查研究，及时总结和推广家长委员会组建、完善、发展工作的好经验、好做法，协调解决出现的问题和遇到的困难，促进和保障家长委员会的健康发展。学校也要为家长委员会开展工作提供必要的条件，保障家长委员会有效参与学校管理。建立完善科学的评价机制，保障家长委员会对学校工作实施有效监督。

3. 中小学要增强为家庭和社会（区）服务的意识

现代学校制度倡导服务型学校的理念，服务型学校管理模式的核心价值是：服务本位、平等与尊重、合作与参与。服务型学校提倡的是学校管理者与教师、教师与学生、学校与家长、学校与社区平等尊重，互相合作，共同参与到学校发展与建设中来。要建设拥有现代学校制度的新型学校，学校就必须改变唯上级领导命令是从的工作方式，增强服务社区和家长的职责意识，主动走进家庭和社区，打破单位制和文化差异的屏障，增进彼此的了解。

4. 充分利用家庭、社区及大单位的优势资源

在服务家庭和社会的同时，中小学也可以充分利用周边家庭、社区及大单位的优势资源，将其引入课堂，培养现代小公民。现代学校制度的建设鼓励开发和引入家庭、社区及大单位教育资源。中小学可以从以下三个方面来探索社区资源的利用和开发：一是利用丰富的社区资源，引导学生开展实践活动，实施综合课程；二是改进教学方式，以研究性学习的新课程理念，让学生的学习活动生活化，力求学有所用；三是以开发和利用社区教育资源为重点形成本校的校本课程特色。现代学校是终身教育体系链条中的重要环节，从一定意义上说学校是社区的学校。因此，应努力形成学校、家庭、社区三者之间的相互参与、合作机制。中小学要积极与家长、社区及大单位沟通，让家长和社区人士更频繁、充分地了解学校；吸纳家长和社区人士进入学校管理机构，参与学校决策、管理和教学活动；要组织学生深入社区开展丰富多彩的社会实践活动，增强学生的公民意识，同时这也是学校形象的最有益宣传；充分利用多种现代信息手段如学校网站，向家长和社区人士宣传学校办学理念和特色，公布学校的发展动态，举办论坛与社区人士进行沟通。

5. 完善校园保险制度，专业权威机构进行事故调解

（1）完善校园保险制度。学生保险制度建设要进一步完善，如学生平安保险购买要全覆盖，可以政府埋单或尽可能强制购买。再如，加大保险中的保障额度，使学生安全得到更大的保障。此外，险种可增多、细化，使学生家长尽可能在出事时有更多保障和安抚。对待学校学生意外伤害问题的保险赔付要建立便捷的绿色通道，学生的社保也要加强规范。

（2）加大学校安全经费与人力投入。为保障各学校的校园安全，要加大对学校安全管理人员的投入，如聘请专业保安、生活安全小教官等。各级政府职能部门要列支校园安全专项经费投入，学校用不得挪用校园专项经费，切实用好经费加强校园安全工作。

（3）联合各部门加强学校环境综治。学校环境综治不只是学校的责任，这需要学校、家庭与社会共同努力。需要社区参与和家庭的支持，需要新闻媒体实事求是、有正解的舆论导向，需要学校周边环境有城管和执法部门的联合治理，更好地保障学校师生的安全。

（4）专业权威机构进行事故调解。由权威的机构来解决学校的安全事故，对安全事故

进行权威、公正的评价，替学校分责，制定相关法律法规，明确学校在安全管理方面的义务和责任。出台相关有支持力度的法律文本，科学划分责任，对学校提供法律支持，政府为学校提供法律援助。

五、安全保障

（一）研学旅行的安全保障

"研学旅行是以青少年学生为主体，在旅行过程中以增进技艺，增长知识为目的的教育活动。"① 研学旅行是一门新的综合实践活动课程，它是撬动素质教育的杠杆和实施新课程改革的突破口。研学旅行由学校组织和安排，通过集体旅行、集中食宿的方式走出校园。与其他活动相比，研学旅行有其自身的独特性。

研学旅行具有综合性、体验性、探究性、实践性、开放性、自主性、教育性等特点。研学旅行是培育和践行社会主义核心价值观的重要载体，能够全面推进中小学素质教育的发展。同时，研学旅行是学校教育和校外教育衔接的创新形式，是综合育人的有效途径。以下探讨学校中研学旅行的安全保障措施。

第一，加强学生安全教育，提高学生自我保护意识。加强安全教育方面的工作主要体现在以下方面：首先，必须要进一步完善研学旅行课程体系，加强对研学旅行教师的教学朝专业化的方向发展。其次，必须充分体现学生的主体地位，加强培养和训练学生的自我安全防范意识、应急处理能力、防范能力等，提高学生的自我管理、自我服务、自我保护的意识。具体操作可以利用"全国高等教师网络培训中心"和"教师发展在线"对专职教师进行研学旅行理论培训，教育部专门指派专业教师，进行不定期的实践技能培训，并颁发资格证书。再次，积极做好研学旅行的宣传工作，进一步提高参与者对研学旅行的认识，并树立参与者的自我安全意识。最后，学生要正确认识自我，学会自我调节，保持积极的心态，营造良好的团队协作关系。

第二，加强监督管理，建立责任追究机制。学校是研学旅行的管理者和监督者。如果学校要进一步防范学生研学旅行安全事故的发生，就必须大力加强对研学旅行的监督和管理，并且建立相应的责任追究机制。首先，建立健全学生研学旅行管理制度，强化研学旅行的安全培训，同时实现多层次、多方面的监督管理。其次，要大力加强和完善对研学旅行组织者的管理，建立教育、培训、考核、评价体系，提升专业化的水平和能力。最后，学校、学生、各部门都必须对研学旅行的基地、器材、设备等进行监督，最大限度地降低

---

① 钟林凤，谭诤. 中小学研学旅行安全保障体系的构建 [J]. 成才，2018（1）：8.

安全隐患发生的概率。

第三，重视学生心理健康教育，加强体育锻炼。学校要配备专业的心理咨询教师，深入挖掘丰富的心理健康教育内容。教师要重视对学生的心理指导，当学生对自己的心理问题不能正确的认识，得不到正确的指导和矫正，学生的心理素质就会越来越差。在教学过程中，教师要多表扬和鼓励学生，创造和谐的教学环境，尊重和爱护学生，鼓励学生学会在不同的场合表达自己的观点，培养学生的自主精神和表现能力。学校还需要多开展形式多样的文体活动，以改善学生的心理环境，促进学生健康发展。加强对学生的挫折教育，提高学生的心理承受能力。

（二）体育活动的安全保障

中小学阶段，学生活泼好动，在体育课堂中经常发生韧带拉伤、皮肤擦伤等意外伤害事故，严重时还会发生骨折等问题。为了有效预防此类安全事故的发生，学校应构建完善的体育安全保障体系，具体方法如下。

第一，科学构建运行机制。若一个体系缺乏运行机制，或者机制缺乏活力，那么体系的实施就仅仅是流于形式。为有效实施安全保障体系，中小学校需要构建相应的运行机制。首先要管理好安全保障体系的目标，以针对体育安全事故而制定的预防目标为主；其次是运行安全保障体系，以控制体育安全事故的预防过程与应急措施为主；最后是综合评价体育安全保障体系的实施效果，尽早将体育教学活动中的潜在安全隐患消除。对体育安全保障体系的各个环节（包括策划、运行、审核与评价）进行循环管理。

第二，严格落实管理制度。只是构建安全保障体系无法达到保障安全的目的，必须要严格执行与认真落实，将制度作为奉行标准，使其充分发挥作用。"为有效落实安全保障制度，作为制度策划者和决定者的领导需要给予充分重视，建立安全责任制，将制度中潜在的人为隐患消除，使广大教师与学生能够自觉遵守和维护安全保障体系制度。"[①] 另外，要通过多种途径实施安全保障措施，以专业教师、班主任、保卫人员等为对象，动员各方力量，有机结合社会、家庭和学校，调动社会与学生家庭力量积极参与，达到有效实施安全保障体系的目的。例如，学校在排查体育场地隐患、安全事故预防因素时，应虚心接受学生家长与社会力量的监督，主动和家长沟通，听取各方建议，完善体育安全工作。

第三，加大经费投入力度。中小学校实施体育安全保障工作的一个重要基础就是加大经费投入力度，学校体育教学的安全性在很大程度上取决于经费多少。在经费充足的情况下，学校可以尽快建设各种场地器材，购买安全书籍与标准体育器材，为学生提供学习和

---

① 陆建飞. 中小学体育安全保障体系的构建 [J]. 当代体育科技，2016，6（21）：69.

锻炼的机会，顺利运行体育安全保障体系。学校领导应及时更新观念，在体育安全体系方面投入更多的经费，使经费保障工作得到完善。

综上所述，体育教学虽然能锻炼学生体质，为学生带来愉快的体验，但是其同时也有潜在的安全隐患，无论是学生、教师还是学校方面出现问题，均可能引起体育安全事故，影响学生的健康成长。因此中小学校需要针对体育教学构建安全事故应急体系、风险管理制度和安全保障，全面提高对安全事故的预防与应对能力，降低事故发生率，严格落实制度，认真贯彻实施，保障体育教学的安全性。

第三节　伦理共同体的展望

一、人才培养的新期待

在当代教育中，人才培养的新期待集中体现在以下方面。

第一，新的培养方向：传统意义下的学科和专业分类已经不足以应对当今复杂多变的社会和经济环境。因此，高等教育开始涌现出面向多学科、多领域发展的专业方向。例如，国际政治与经济、环境科学与工程、数字创意与媒体等，这些专业面向不同的行业和领域，为学生提供了更广阔的发展空间。

第二，新高考方案：新高考是近年来国内教育的一项重大改革，其目的在于改善当前高考制度下的问题，更好地贴近生产和社会需要。新高考采取综合素质评价和多元化录取考核方式，注重发掘学生的实际能力和潜力，减轻应试压力，更加关注学生的个性化需求和发展。

第三，人才竞争：现代社会竞争越来越激烈，人才竞争也愈加激烈。因此，学生在高等教育阶段的培养必须关注个性化成长和多元发展，同时注重培养创新能力和实践能力，使每一位学生都能够在当今社会的竞争中处于优势位置。

总体而言，当今高等教育培养具有综合能力、创新能力和实践能力的优秀人才，这不仅需要学生自身的不断努力，也需要教育界、社会以及政府的共同努力。在此背景下，新的培养方向、新高考方案以及更强的人才竞争不断地推进高等教育和人才培养的发展。

二、教育功能的深探究

教育作为一种社会性的活动，对于社会和个人都具有重大的意义和价值。在社会发展方面，教育是实现现代化的重要手段和载体。教育可以通过提高人们的文化素质、科学素养和技术能力来推动社会进步。教育也可以通过传授社会价值观念和文化遗产来增强社会凝聚力，同时提升社会的道德水平和文明程度。

对于人才培养，教育是人类成为真正的人才和领军人才的桥梁。教育不仅是培养专业技能和知识的载体，还可以通过提高思维水平和创新能力，改善个人的精神素质和价值观念，从而使得每个个体都成为全面发展的人才。在整个社会体系中，教育还具有以下重要价值。

第一，升华人格。教育不仅仅是向人灌输知识和技能，更重要的是在智力、情感和行为等方面升华人格，使人获得更高的发展价值。

第二，社会文化传承。教育是文化传承和创新的重要源泉，确保了社会文化的不断发展和进步。

第三，社会公平和社会进步。教育是人类自身发展和社会进步的基石和根本保障，具有促进社会公平、实现社会发展的良性循环的潜力。

综上所述，教育在社会发展和人才培养方面的重要价值和作用日益凸显，它不仅为个人成长和发展提供了宝贵的机会，也为社会发展和进步提供了坚实的基础和保障。因此，教育的重要性和价值在当今世界上愈加显著，人们应当始终以此为目标不断积极努力。

三、伦理关系的高价值

伦理关系在公共管理中具有非常高的价值，它体现了公共服务机构的道德标准和管理理念，成为公共管理领域中一个备受关注的内容。学校作为一种重要的公共服务机构，其教育活动的伦理关系具有高价值，其中主要包括以下方面。

第一，开放性——本质平等——师生平等。师生之间应该建立起开放、相互尊重、本质平等的关系，教育活动必须围绕学生的需求展开，以学生为中心，实现师生平等。

第二，具体性——师生行为充分自主性和积极性。教师应该对学生行为和情绪的自主性和积极性充分尊重，真正理解学生的需要，给予诚恳关注，认真地引导学生，推动学生的成长和发展。

第三，非交换性——利益不是第一追求。教育需要强调非交换性，教师和学生之间的关系的建立和发展不能仅仅以利益为首要目标。应该围绕名义上的目的——开展教育活动，关注教学质量和学生的个人成长，真正实现教育的价值。

第四，非赠予性——不强调老师的奉献，师生是协商的。教育活动中的老师不应当过分强调自己的奉献，同时，学生也不能以感恩或者赞许视老师为自己的恩人。实际上，教育活动应该是双向的协商，双方都需要履行自己的义务和责任。

第五，客观性——德育不是为了约束学生而是生活的本质。教育需要强调客观性，教师应该积极关注学生的生活和发展，给予学生更多自由空间的同时，也要在理性和客观的基础上进行鼓励和引导。

综上所述，学校教育活动中的伦理关系具有非常高的价值，它在实现教育目标的同时，也在推动着教育的不断发展和进步。正因为如此，学校教育活动中的伦理关系需要得到足够的关注和重视，以确保教育的质量和有效性。

第三章 学校伦理共同体的价值与审视

第一节 学校治理基于共同体

一、基于班级学生共同体的学校治理

相较于传统的以班主任为核心的班级管理形式，班级学生共同体对于班级学生而言，是一个陌生领域。因此，实现班级学生共同体的构建，需班主任教师在了解班级学生的基础上，对该共同体的基本框架进行规划，并逐步细化其具体建设过程。理念梳理、平台建设、岗责明晰和评价量化，这是建设过程中的四个关键步骤。班主任教师要做好引导工作，让学生了解构建学生共同体的内涵与意义、结构与组织形式等关键要素，使师生达成共识，并进而构建班级学生的共同愿景。班级学生共同体的含义为班内小组（子共同体）为其基本活动单位，小组内以及小组间的竞争与合作为其主要活动方式，班级学生自我管理为其主要管理模式，班级所有成员的整体进步和共同成长为其建设目标，是一种内部驱动型的班级管理机制。

班级学生共同体的基本结构与组织方式为：班级学生共同体由若干个子共同体组成，各子共同体在其组长的带领之下，通过子共同体成员的通力合作、互帮互助，共同完成学习、活动等各项任务；班级值日班长依据《班级自我管理考核标准》对各小组每日表现进行管理、监督、记录；班级值周班长依据《班级自我管理考核评价表》对班级整体每周表现进行监督、评价、指导。班主任教师则依据班级自我管理的现状适时地提出指导意见和建议。

班级学生共同体是传统的小组合作学习的进一步延伸和拓展。它不仅仅强调小组内部的合作与互助，更强调小组间的竞争与合作以及班级值日班长的指导、监督和评价。所以，构建班级学生共同体必须要班级全体学生共同参与。此外，虽然从班级共同体的含义上来看，教师的作用并未提及，但在班级共同体的构建过程中，教师的作用不容忽视。教

师不是这个机制的直接执行者，但是这个机制的间接推动者和指导者。因此，在班级学生共同体的构建过程中，教师需要和学生有共同的认识。而在班级管理中，班级所有成员能够实现共同进步、共同提高、自我管理和自我评价正是师生的共识与愿景。

（一）建立平台，划分班级学生子共同体

子共同体成员的构成看似只是简单的座位安排，实际上，这一过程要求班主任教师对班级所有学生有着充分的了解，才能实现将班上所有同学进行分组时的均衡，做到"组内异质，组间同质"。当前，班主任教师在进行分组时，需要考虑的影响因素主要有四点。

1. 自然身高的差异

将班级学生分成四排，每排两个小组，每排中的前一个小组平均身高，低于后一组成员的平均身高，即班级中的一、三、五、七小组的身高分别低于二、四、六、八小组同学的身高。这样的小组座位分布的优点是：①有利于班级所有学生看清楚黑板及多媒体设施；②班主任教师可以在班级原始座位的基础上，通过局部调整便可自然成组。不必直接把学生进行划分，教师要保护学生的自尊心。

2. 学习成绩的均衡

每个小组必须安排至少一名学习成绩表现优异的学生，同时，让这名学生自由地选择一名班级上学习成绩暂时落后的同学，作为他的"一帮一"对象。组内其他2~3人根据每个小组的不同特点，再做安排。这样安排的优点是：①小组内分别有不同层次的同学，有利于同学的互帮互助，整体提高；②小组间实力相当，得分差距不大，有利于小组自信的形成和班级的竞争意识持续发展。

3. 活动能力的均衡

每个小组必须安排至少一名在班级活动中表现积极、点子多、思维活跃、善于沟通、勇于表达的同学，由这名同学带领全组的同学，积极参与班级内各项活动。这样安排的优点是：①小组活动的积极分子，可以通过自己除学习成绩外的能力为本小组争取荣誉，有利于其自尊心、自信心的增强；②班级活动中，各小组必须发挥集体的力量才能获得成功，有利于小组成员合作品质的培养，有利于班级凝聚力的提高和集体荣誉感的增强。

4. 小组内部的和谐

小组构成后，小组成员构成了一个共同学习、共同参与活动的整体。但是，由于学生的家庭背景不同、性格各异，成绩在不同层次，如何实现小组内部的和谐，就显得尤其重要。教师可以考虑在未正式排座位之前，给学生宽松的时间和空间，征求班级每个同学的意见，对其合理的建议给予支持。这样安排可将组内可能出现的不和谐因素消除。

总而言之，除以上内容之外，还应考虑男女生比例、小班人员划分等因素，同时，班主任教师还应特别注意以下两点：①教师切不可大张旗鼓地把座位调整的理由在班级上宣布，这样会伤害到部分学生的自尊心，编织一个善意的"谎言"也未尝不可（如有的同学长高了等）；②学生的个体发展存在着差异，因此，班级中的分组不可能做到绝对均衡，只能是相对的均衡，班主任教师要把握好这个平衡点。

（二）制定岗责，创新班级组织管理机制

小组成员确定后，选出小组的小组长、起组名、定目标就成为必要的程序。同时，民主评选出班级的值日、值周班长，设立班级岗位，完善明确班级机制，创新班级组织管理方式，才能归还班级学生的自我管理权。

1. 选组长，确定组长职责

（1）民主推选小组长。小组长对内是小组的带头人、引领者、组织者，对外代表本小组成员。组内成员民主投票推选组内小组长，但教师要给出小组长推选的标准。例如，首先，必须有极强的责任心；其次，学习成绩优秀即可，有一定的组织能力；最后，自己主动、愿意承担小组长职责。因为，小组已经提前依据均衡原则进行了划分，哪些同学可以担任小组长，班主任教师心中基本有了一些依据。民主推选前教师要引导学生慎重、有原则地推选。在正常情况下，在经过事先的准备工作后，各小组推选出来的小组长将会和教师的预想基本一致。但是，如果有个别不一致的人选出现时，班主任教师应尊重学生的意见。

（2）确定组长职责。经过学生民主讨论，小组长具有以下职责。

第一，组织小组内各项活动，并起到示范带头的作用。

第二，协调小组成员之间的关系，营造积极向上的小组氛围。

第三，监督、管理、评价、反馈小组成员的活动表现。

第四，简单记录小组每日整体的表现，整体把握小组的目标。

2. 起组名，制定小组目标

在组长的带领下，小组的第一个任务就是：给自己的小组起一个积极向上、有一定的寓意的组名。在此过程中，教师的指导意见是：积极向上、符合小组的目标、有时代感。小组的第二个任务是：给自己的小组定目标。在此过程中，教师的指导意见是：首先，小组目标要结合小组实际来制定，且有短期目标和长期目标；其次，小组目标和个人目标应相结合；再次，在制定小组目标的同时，应有相应的实现目标的具体措施，如对小组中实现目标困难的成员有帮扶措施；最后，小组目标要适时地调整，并留有记录。

总而言之，班级共同体中的"共同"，应该是班级内的各个子共同体拥有共同的奋斗目标、共同的理想愿望，并且能为了目标的实现，各互助组能团结一致，努力拼搏，才能形成的一个真正意义上的"共同体"。

3. 根据情况，确定值日/值周班长的选择与职责

（1）值日、值周班长的选择。各个班级可以根据班级的具体情况，选出班级的值日、值周班长。可以让每一个学生轮流当值日班长，也可以让评比考核前四名的小组，各推举一人为值日班长。虽然两种做法都对学生具有鼓励的作用，但是，也会造成每日的班长的评价标准不一、不公正的评分现象。因此，教师在选择时，还是以设 5 名值日班长，2 名值周班长为宜。

（2）值日、值周班长的职责。

第一，值日班长：依据《班级自我管理考核标准》对班级八个小组每日活动表现进行管理、监督、评价，记录。

第二，值周班长：依据《班级自我管理考核评价表》对班级每周活动表现进行监督、评价、总结、指导。

总而言之，值日班长和值周班长是班级学生共同体中承上启下的角色，他们先是作为学生，要完成学生的学习、活动任务。同时，他们又作为班级的管理、监督和评价者，承担着部分班主任教师的职责。这两种角色中，学生是他们相对比较熟悉的，而如何在管好自身学习的基础上，充当班级的管理、监督和评价者需要班主任教师给予细致的指导。

（三）量化评价，民主商讨班级评价体系

平等的对话，可以使学生拥有一个既有民主生活，又有自我表达，既有相互合作，又有个人探索的自由空间。每个学生都能感受到平等的尊严和自身存在的价值，感受到道德成长的愉悦。因此，为促进班级共同体的建设，应依据班级的现状，小组进行共同的协商、讨论，制定出班级共同体评分标准。在制定共同体评分标准时，其原则包括：第一，评分标准的制定要依据本班级的整体状况（如行为常规、学习常规）；第二，评分标准要依据班级情况变化而适时调整，不能一成不变，且调整时可依据学生给出的建议；第三，评分标准要激发每个小组的积极性，让每个学生通过自己的努力都可以逐渐变得更好。

由班级的值日班长依据《班级自我管理考核标准》填写《班级量化考核评价表》记录每日班级表现。每周值日的班长依据《班级自我管理考核评价表》对班级的整体表现进行点评、指导。通过构建班级学生共同体，班级在纪律、卫生、合作等常规方面都可以做到自我管理，教师可以逐渐退出这些方面的管理。尤其在班级活动中，以子共同体为单位

的参与方式，极大鼓舞了学生的积极性。班主任是班级管理工作的第一责任人，在工作中，应该未雨绸缪、匠心独运。一个班级，只有学生参与自我管理，真正做到学生自己做主，才会让学生有强烈的归属感与自豪感。建设班级共同体，是一个实现学生自主管理的有效途径之一，相信随着探索与研究，一定可以实现教师为主导的班级管理转变为学生为主导的自我管理，将班主任对班级的被动管理化为学生的主动建设，从而使班级丰富的育人价值得到充分发挥。

二、基于教师共同体的学校治理

（一）小学教师研究共同体的价值审视

"学校教师共同体的建设与发展，向传统的学校管理提出挑战。传统的学校管理制度已经不能适应教师共同体建设与发展的需要，制度创新势在必行。"[1] 小学教师研究共同体，不仅能帮助教师解决复杂的教育教学问题，促进教师专业发展，实现教师与教师之间、学校与学校之间的有效合作与沟通，而且还能在此基础上促进教育理论与教育实践的融合与创新。

1. 提高教师教学技能，促进教师专业发展

小学教师研究共同体，是小学教师在同伴之间开展协作研究，以探究教师在课堂教学中的现实问题为主要研究内容，以自主合作对话为主要研究方式，其主要目的在于：提高教师的教育教学能力和专业化水平，促进教师专业成长。这种协作研究与部分专家学者的"书斋式"研究不同，其舍弃冥想和思辨，要求教师持有和谐、开放、平等、信任的理念，与研究共同体成员一起对课堂场域中的各种教学活动进行观察、思考和反思，并基于课堂场域中存在的问题、教师的困惑和兴趣展开合作。在此过程中，能有效地改变教师个人主义倾向，树立合作意识，通过协作性探究，促使教师不断更新知识、增长智慧、发现问题，并且创新思想，实现教师专业发展向螺旋式上升的方向转变。

2. 实现教师校际的有效合作，及时沟通

教师研究共同体有效运行的核心是合作。合作包括教师间的合作和校际的合作。一方面，构建教师研究共同体，可以满足学校内部教师在教育教学方面相互沟通和探究的需要。由于教师研究共同体大多是建立在自主、自愿的基础上，超越了个人利益、人际关系、行政强制的限制，所以能够促进教师间经验和技能的分享与交流，并在共同体形成共

---

① 王天晓. 试析教师共同体治理的制度建设模型——基于对学校制度创新的尝试 ［J］. 中国教育学刊，2013（11）：83.

同的愿景、目标和价值观的过程中促进成员凝聚力、认同感以及执行力的提升。"有机团结"的团队是有着共同的愿景、互相理解和分享的思维方式、共同的教育教学研究内容，以及专业发展的共同集体记忆与特有的话语体系。另一方面，构建教师研究共同体有利于促进校际合作。在教师研究共同体建构的过程中，大学与小学的合作，可以为共同体的发展提供重要科研支持，大学研究者可以有针对性地对小学教师进行指导和帮扶，能够为小学教师研究共同体的建设提供理论支撑，促进优质资源和社会资本的共享和均衡发展。

3. 促进教育理论与教育实践的融合，进行创新

教师的研究是教育科学发展中非常重要的力量。教师的教学活动主要发生在课堂教学情境中，教师开展研究需要对教学实践有着深刻的体验、思考与判断，因此，教师研究共同体承担的主要任务是：回应教学生活中的现实问题，真正促使教育理论与教育实践的整合以及创新，这主要表现在以下三个方面。

（1）教师研究共同体建构的动机来源于实践，即为了促进教师教学行为的改进，需要教师共同体的成员具有敏锐的洞察力，以及发掘教学实践中值得重点研究问题的能力。

（2）教师研究共同体的研究素材取自实践，即教师研究共同体扎根于学校的日常教学活动中，其探究的问题都来自对教学实践"原材料"的选择和论证。

（3）教师研究共同体建构的任务是解决教师实践问题，即通过教师研究共同体的探究，帮助教师增加实践教学知识、解决现实教学困惑、理清教学设计思路等。因此，教师研究共同体的建构不仅可以有效促进教育理论与教育实践的融合，而且还通过共同体成员之间的思想碰撞、观点交锋、合作探究等生成深层次的"实践性教学知识"，进而为理论性知识的创新提供实践基础。合作小组成员对教学有着不同的情境性理解，这就使得作为研究者的教师个体，需要具备自我反思和批判的品质，由此可以有效地激励教师不断创新。

（二）小学教师研究共同体的实践偏差

当前，研究者对教师研究共同体的探讨大多局限于共同体的作用、组成等方面，而对教师研究共同体的内部，如开展研究的现实情况、实践效果等方面未能深入分析，由此造成共同体在实践发展中出现诸多偏差，具体体现在以下三个方面。

1. 研究内容封闭化和同质化严重

课堂教学是较为独立的工作。由于每位教师都有着属于自己的任教范围，如班级、学生、学科等，具有相对独立性，所以很容易将自己封闭在自己的空间中。教室是一个非常孤立的地方，教师对在教室里安排另一个成年人有着微妙的抵触情绪，对于许多教师而

言，隔离是工作安全的保证。让另一个成年人在教室里听课，通常被视为打扰而不是支持。"共同体"可以分为血缘共同体、地缘共同体和精神共同体三种。同一所学校的教师，虽然在地缘上是共同的，但是，在精神交流上可能是熟悉的"陌生人"，因此，教师的工作实际上具有较强的独立性和排异性。

然而，一个人的知识即使是再丰富、再深刻，也是有局限的。如果教师仅仅局限于自己的教学和科研工作，而不与同伴、专家交流和探讨，那么就缺少了一条增长智慧、提高实践能力的有效途径。这样的教师充其量称得上是一位优秀的"教书匠"，却未必是位"好教师"。事实上，当教师在教学中需要支持时，最有效的帮助往往是同事之间提供的。因此，如何使教师走出自我隔离的"舒适区"，"享受"团体学习和研究带来的挑战，是构建教师研究共同体所面临的现实困境。此外，在具体的小学校中，教师个体大多有着相近的专业基础、生活环境、学历背景。在共同体规则和价值理念的影响下，教师在信息、技能、经验上有趋同性，这就不可避免地导致教师研究共同体，在研究的内容上较难突破已有的圈了，也就较难有突破性的新发现，这在一定程度上也限制了教师专业发展。

2. 研究活动主体虚空化和形式化显著

学校评价制度是教师开展深度交流、互动及合作的重要影响因素。强制和压抑的学校评价制度，会造成教师之间诸多的竞争关系，这在激励教师发展的同时，也助长了功利主义倾向，使教师之间逐渐走向精神疏远甚至是对立。而教师个体为了获得更好的"成绩"，在共同体研究活动中，往往存在着戒备心理，不愿过多、过深地探讨自己的研究技巧、方法或是分享实践经验，彼此之间开展深入合作的可能性降低。

另外，在小学教师研究共同体中，还存在着一些不良的现象。例如，部分学校教师共同体之间的合作，成为少数名师、积极分子的单向活动，其他成员只是充当"收音机"角色，单方面地吸取同伴的教学经验、智慧，缺少有效的合作与沟通。长此以往，这些名师、积极分子无法从其他教师那里获益，逐渐失去参与合作的热情和动力，从而导致教师研究共同体的虚空化。

此外，小学普遍采用科层式的管理制度。校长代表学校的权威，对学校的发展起着引领的作用。然而，很多学校的校长对教师研究共同体的价值和实施途径不了解，不清楚其对于学校教学的具体作用，甚至还存在着错误的认知。一名熟悉课程和教学、关注科研动态、愿意走进一线实践的校长，往往能给广大教师带来希望，能引领教师开展研究，并且促进教师研究共同体的发展。而沉迷权力的校长，则会使教师在迎合评价的疲惫中丧失自我、在被控制中日渐消沉，使教师丧失了创新精神和积极性，从而影响教师研究共同体的建设和发展，长此以往，导致教师研究共同体徒有虚名。因此，建立适宜的学校管理评价制度和正确发挥校长的领衔作用，不仅是学校管理制度改革的一个重点，更是教师研究共同体在发展过程中亟待解决的难点。

3. 研究成员的身份认同感缺失

构建教师研究共同体是将教师个体置于共同体的框架下，依据特定的指导体系组织起来。作为一种"文化适应"的过程，教师在参与共同体的过程中会受到共同体中的主流价值观，以及实践规范的影响。换言之，教师研究共同体成员为了获得相应的成员身份，会不自觉地将共同体的实践规范和价值观进行内化，从而获得共同体成员的认可和接纳。在实践中，教师研究共同体倾向于追求一种和谐、一致的同伴关系——具有共同的理想、信念和价值观的教师，更愿意组成一个教师研究共同体。

虽然营造共同体内部融洽的合作氛围确实能促进教师之间的深度沟通和交流。但是，如果过于追求共同体成员之间的和谐，缺少了研究过程中应有的反思质疑、思想碰撞、观点交锋，那么，长此以往就容易导致共同体中只有一种声音，并成为权威者的主场，而个体为了获得共同体的身份认同，不愿挑战权威，"假意"维护共同体的和谐关系以避免矛盾和对峙，其危害是强化了权威者固有的思维方式和经验，使其他教师失去了对教学实践深入体验观察的兴趣，以及参与教学研究的热情。在此状况下，教师也不可能真正融入共同体内部，容易产生严重的身份焦虑。

总而言之，认同感缺失，这是教师研究共同体在运行过程中面临的最大障碍。共同事业并不意味着每个人都相信同样的东西，或者对每件事情都持相同意见。虽然成员之间的矛盾和争执容易引发矛盾和不确定性，但共同体成员之间存在的矛盾、差异和分歧，恰恰是研究的重要动力，也更容易展开深层次的合作。

（三）小学教师研究共同体的优化路径

尽管小学教师研究共同体具有诸多的价值，但是，在其发展过程中，也存在着一定的局限性。开展以"课堂"和"课题"为载体的行动研究、营造宽松和包容的文化氛围、加强外部合作主体的引入等策略，能在不同层面上纠正中小学教师研究共同体的实践偏差，促进其不断发展。

1. 开展以"课堂"和"课题"为载体的行动研究

教师研究共同体的运行和发展需要借助一定的平台和载体，才能避免共同体的虚空化和形式化，并提高教师研究共同体的运行效能。因此，教师研究共同体需要确立"课题"与"课堂"并重的行动研究理念。课题研究是教师研究共同体进行探究的主要方式，在课题的申报、组织、研究过程中不仅可以培养教师的问题意识和提高教师研究素养，还可以促进教师间的交流与沟通。目前，教师研究共同体在课题研究中存在着许多问题，如研究方法不当、研究逻辑思路不清、研究质量不高等，这就需要教师研究共同体中的领衔人进行有效指导和监督，并通过实践促使教师开展系统化的反思。在课题申报选题上，教师研究共同体成员应秉承"问题即课题"的理念，选取基于本校实际的、具有突出现实意义的课题，如聚焦"有效教学""劳动教育的渗透""学生惩戒"等问题，并且结合成员的个人兴趣加以微观层面上的研究，研究结果可直接用于学校实践的改进。这样不仅能够提高教师的研究能力，还能让教师在研究中实现自我价值。

教师研究共同体实质上就是教师基于课堂教学实践问题，而开展的行动研究的团体，这种研究不仅对"课题"中的教学模式、教学方法、教学技巧进行理论总结，还对"课堂"中遇到的"真问题""重难点问题"进行客观审视，挖掘其背后深层次的影响因素，从而为课题研究提供实践基础。事实上，基于课堂的研究才是小学教师研究共同体需要重点关注的方向。在实践中，部分教师研究共同体对课堂教学的研究已经取得了一定的成效。例如，借助"课堂教学切片诊断"研究对课堂教学进行改革。具体做法是：学校每周组织一次教学诊断会议，每月举办一次教学诊断展示会，每学期开展一次教学诊断研究总结，以此促进教师研究共同体探究的常态化、制度化，并且，在举行教学诊断研究总结会议时，采用视频录像的方式将教师研究共同体中的集体备课、听课、评课等过程展示出来，总结研究中的经验并提出问题，为教师开展进一步的研究提供新的视角。由此可见，"课堂"和"课题"作为教师研究共同体的重要载体，能够有效提高教师研究共同体的研究效能，对促进教师专业发展，以及提升课堂教学质量起到了推动作用，并能扭转教师自己一人努力的局面，形成群策群力的教学科研氛围。

2. 借助氛围实现"我者"与"他者"的互助共生

共同体如同"教师之家"，可以给成员带来安全感和自信心，从而使成员产生强烈的身份认同感，而身份认同又是教师研究共同体合作的前提。身份意味着归属，身份的建构促使个人寻找归属的共同体，从而获得象征身份的知识、关系、资源等。教师研究共同体的成员只有建立了身份认同，才会形成有效的合作局面。能否获得教师研究共同体的身份认同，关键在于共同体内是否具有宽松、自由、包容的文化氛围。换言之，教师研究共同体在给予个体更大的言论自由和发展空间的同时，还要提倡加强沟通对话、增强教学智慧、增加实践性知识等做法，从而实现"我者"与"他者"的互助共生。这种目标的实现既需要共同体领衔人的引领，也需要学校及个体的共同努力。

（1）教师研究共同体的领衔人在共同体内部要营造平等、自由的沟通对话氛围，要发挥示范和引领作用，调动教师交流沟通的积极性，鼓励年轻教师勇敢表达，尊重和肯定每位教师的想法，树立包容差异、正视问题、解决矛盾的正确观念。宽松、包容的氛围有利于汇聚不同学科、不同背景、不同教龄教师的力量，开展丰富的研讨活动。

（2）学校领导在共同体外部要营造"海纳百川，有容乃大"的多元文化氛围，鼓励教师研究共同体突破不同学科和年级之间的壁垒，促进教师从"单一"身份到"多元"身份的转化。具体而言，学校领导除了承担行政管理者的角色外，还要担当教师研究共同体促进者的角色；教师不仅仅是知识的传授者、实施者，还是知识的创造者、贡献者和推动者。

（3）教师个体要树立作为共同体成员的使命感与责任感，主动分享自己在探究过程中的收获和经验，同时，也要认识到观点交锋或冲突是研究过程中不可避免的问题。因此，教师应批判性地吸收他人的经验。唯有如此，才有利于教学经验，以及研究技能的共享和成员之间的互助，从而使教师从心理上融入教师研究共同体中，形成共同的愿景、价值观与发展目标，实现教师研究共同体成员从"合法的边缘性参与"到"充分参与"的较大转变。

3. 加强引入促进教师研究共同体的"内外联建"

教师研究共同体应该吸引教师、研究者、学校领导、行政人员、政策制定者等人的积极参与，因为，他们彼此的位置不同，并具有独特的知识和经验来实现共同的事业。教师研究共同体的成员构成，不应仅仅局限于一线教师，还应该加强不同学校间的联合与合作，尤其是大学与小学的"联建"。

大学拥有知识丰富、博学多识的理论研究者，小学拥有教学经验丰富、实践技能熟练的教师，大学与小学的合作，已然成为当前大学支持小学开展研究、改进教学的一种重要途径。大学与小学合作能够促进中小学教师研究共同体的构建和发展，并有效避免教师研究共同体中，研究内容的同质化等问题，帮助共同体进行正确的判断。大学研究者和小学教师的角色定位、指导方式等都在不同程度上影响着双方合作的质量与效果，因此，在合作中应注意以下两个方面的问题。

（1）研究者要基于"引而不发""导而弗牵"的原则指导教师研究共同体的发展。另外，在《学记》中也指出："导而弗牵，强而弗抑，开而弗达。"都是在强调引导但不代庖的合作方式。换言之，大学的研究者虽然比小学教师有着更为丰富的理论基础，并在教师科研领域中担当着重要的外部支持力量，但是，不能被过分利用，需要结合自身进行借鉴。小学教师不能完全依赖大学研究者，而忘记自己在多年实践中积累的独特经验。大学研究者在支持小学教师开展具体研究时，应主要通过实施启发、对话交流、提供支持等方式，引导一线教师自己发现问题、解决问题，不能代替教师研究共同体作出决定，或者主导教师研究共同体的研究思路。并且，大学研究者还要注意高深专业术语的使用，用通俗易懂的语言对一线教师进行启发和指导。

（2）研究者要从"局外人"转向"局内人"，以浸入的方式参与教师研究共同体的活动。大学研究者并不一定以"局外人"的身份指导小学教师研究共同体的活动，也可以作为教师研究共同体的成员，以浸入的方式与小学教师共同面对问题，一起寻找解决问题的最佳办法，从而发展成为伙伴型的关系，并在小学教师对教学研究感到困惑、迷茫的时候进行及时指导，满足小学教师个性化的需求。另外，学校的行政领导、教研员、学生也不应该置身于教师研究共同体之外，而应积极参与共同体的研究，并以其特有的知识和经验提高教师研究共同体的效能，从而促进教师研究共同体的"内外联建"，实现教师团体和个人的长久发展。

三、基于家长共同体的学校治理

"家校协同育人对于实现学校教育治理现代化和促进教育高质量发展具有重要意义。"[①] 众所周知，家庭教育与学校教育在小学生全面发展过程中缺一不可。家长与学校秉承共同的教育目标，精诚携手，一起发力，就会让每一个学生都能够快乐、健康地成长。首先，在教师、学生和家长这三者中，教师和家长是施动者，而学生是受动者。家长和教师对学生的教育指导效果如何，不仅取决于家长的文化水平以及家庭教育氛围等因素，在一定程度上，还取决于学校对家长的培训和指导。其次，在和谐教育共同体中，最直接受益的是学生，而影响最大的是班级。如果小学生得到良好的指导、教育和评价，就可以增强其对家庭和班级的亲近和关注，与教师和家长的交流沟通也会畅通许多。而且，伴随着学生的变化，家长和教师的关系也形成了良好的态势。于是，和谐教育的家校共同体构建了起来。为了探索和谐教育共同体的运作模式，学校应当在家长培训方面重点发力。

（一）根据困惑，建构家长培训的有效模式

许多家长在孩子教育方面感到困惑，缺乏系统的指导，只能凭经验摸索前行。为了达到家庭学校共同的教育目标，学校可以针对家长进行有效的培训，使他们了解班级对孩子教育的需求，并与班级教育的进度保持同步。为此，可以设定具体的指标要求，要求家长每天对孩子进行检查和评价。在周末，学生可以自我进行阶段性总结，家长则可以撰写评

① 李翔宇. 家校协同育人共同体：内涵要义与建设路径 [J]. 北京教育学院学报（社会科学版），2022，36（5）：47.

论并提出要求。通过经常性的规范行为，学生们会自觉地养成良好习惯，从而乐意与家长一起学习，形成浓厚的学习型家庭氛围。

（二）根据学段，有针对性地培训家长

学生的学段不同，意味着对家庭教育和家长在指导学业水平方面的目标要求，存在较大的差异性。因此，有必要根据家长的认知水平和学生所处学段，有针对性地进行培训。

第一，对于低年级学生而言，家长通常对教育非常关注，并且热衷于参与学校活动。为此，可以开展新生和家长共同体验班级生活的培训。经过此培训的班级学生，在一段时间后，在学习和班集体活动等方面的表现往往比没有接受培训的班级更好。此外，家校联系的方式也更加多元化，如班级微信群、家校联系卡等桥梁纽带，以促进家长和教师之间更密切的联系。

第二，对于中年级学生的家长而言，可以邀请专家开展专题培训，使家长了解学生学习中的难点，并进行多方互动的学习指导活动。

第三，对于高年级学生而言，由于青春叛逆情绪可能开始萌发，因此，需要有针对性地采取措施。重点应该放在如何营造和谐的家庭环境和引导学生健康成长等问题上，并在此基础上提供家长培训和指导。

（三）重视评价，合力促进学生发展

评价要点、面有机结合，个体和群体的关系要处理妥当，不能忽略一些特殊的学生，对他们的评价方式要有针对性和特殊性。下面将结合实际主题活动，阐述重视评价，合力促进学生发展的内容。

1. 小树苗成长记活动的评价

（1）每位学生为自己设计三棵从小到大的果树，分别代表小树苗的成长、开花、结果三个阶段，按照进阶方式，把平时的优缺点记下来画在小树上，根据果实的多少进行评价，这样让学生在有趣的情境中养成好习惯，快乐成长。

（2）班级成员和家庭成员人人都参与评价。学生本人每月总结一次，从进步中巩固好的习惯，从落后中总结原因，为自己定下新的目标。这样的操作，要求尽可能使家校一致。在小树苗成长发育的不同时期，家长和教师共同关注学生，给学生提出相应的要求和指导。尤其是家长对学生在学习和习惯上的要求要更加明确、更加具体、更加有针对性。

（3）最后的"大果王"评选，表扬果树大、果实多的学生。评价关注了学生动态变化（小树苗长大、开花、结果）的过程，让更多的学生有收获的乐趣和成长的体验，充分

体现学生综合素质评价的全程性。

2. 丑小鸭变形记活动的评价

（1）对那些"小树苗成长记"中掉队的特殊学生，进行"丑小鸭变形记"评价。教师和家长交流沟通之后，一起找出学生的问题在哪儿，并教给学生纠正问题的有效方法。

（2）在班级中，充分肯定这些学生，多说进步，少说缺点，营造互帮互助的氛围，绝不划成另类。根据这些学生的进步情况，他们的"丑小鸭变形记"也随之改变。在"丑小鸭变形记"中明显有进步的孩子，最终也参与"小树苗成长记"的评价，如此，真正实现小学生在成长过程中的全程性评定。

第二节　学校伦理关系审视

在社会治理层面有权治、法治和德治三种不同的方式；从人类社会治理模式的历史演进来看，以权治为主的统治型社会治理模式、以法治为主的管理型社会治理模式、以德治为主的服务型社会治理模式依次更替，法制取代权制，德制取代法制，最终实现的是社会治理的伦理关系。当我国社会管理进入法治新阶段时，现代学校治理也应紧随其后。但学校治理与社会治理有较大不同：①学校与社会其他行业的治理对象有本质差异，学校终极培养目标是人，一旦涉及人的问题本质上就是伦理问题；②学校与社会其他行业的治理结果时效性有本质差异，学校教育作用显现具有滞后性，教育培养的是未来的人。因此，单纯以法治为主进行当下的学校治理模式改革，会产生很多无法解决的问题，学校作为一种履行特殊社会功能和文化使命的组织，它应该走在社会治理模式演进的前面，构建成一个伦理共同体，以期培养出具备伦理基础、了解伦理关系、厚植伦理文化的未来社会主义接班人，再构成社会层面走向基于伦理治理模式的基础。下面以学校师生伦理关系为例，阐述学校伦理关系的审视。

一、构建伦理关系的重要性

师生伦理，是教师和学生在教学实践中形成的伦理关系。师生伦理关系作为基础教育活动中最基本、最重要的关系，不仅包括教师与学生在教育教学过程中相互形成的角色关系，还包括师生间应有的地位体现、教学相长产生的作用以及相互对待的态度等。因此，在小学教育中，建立充分体现尊重平等、民主和谐的师生伦理关系是学生生命护航与发展、教学顺利进展、师生和谐共处的保障。

师生关系是教育活动中最重要也是最基本的人际关系，师生关系的现状直接影响和决定着教育活动的背景，影响着最终的教育成效。学生阶段是学习知识和掌握技能的基本阶段，是对学生进行全面教育的重要时期；学生教师在这一阶段的教育教学任务是非常繁重和艰辛的，它是顺利完成学生阶段教育教学任务的催化剂，因此，构建良好的师生关系对学生的成长和发展至关重要，并具有一定的教育作用。

第一，引导作用。主要表现在教师通过自身行为引起学生对自己的模仿，所谓"上所施，下所效也"，优秀的教师大多具有积极向上的正能量，可以正面引导学生，甚至影响学生对未来道路的选择。

第二，激励作用。被认可是人类普遍具有的心理需求，教师对学生的正面关注其实也是一种对学生的认可，激发学生自信心，树立正确的人生观，这都是构建良好师生伦理关系的关键所在。

第三，感化作用。主要指感召和转化功能，是教师潜移默化地将积极向上的生活态度和客观正面的道德意识传达给学生，并产生积极的影响。

总而言之，良好和谐的师生关系是教育理论与实践中的一个关键问题。教育从本质上讲是师生的互动活动，如果对师生关系没有正确并清晰的认识，那么教育理论将缺乏可靠性，缺少坚实的根基，教育实践活动也不能得到顺利的展开和执行。因此，如何建立良好和谐的师生关系已成为亟待解决的重大课题，这一切对于做好学校教育教学和师资培养工作、培养国家未来优秀人才具有重要的现实意义。

二、当下伦理关系的现实阻碍

在我国传统社会中，师生伦理是备受尊重和推崇的。"天地君亲师"的尊师重道伦理，始终是中国传统文化的主要精神。良好的师生伦理关系是教育质量的保证，然而，随着改革开放及经济文化的全球化，在多元文化的影响下，师生伦理关系的和谐建立受到了很大的影响，出现了师生关系伦理缺失的现象。

第一，师生间心理疏远，情感淡漠。以知识为本位的教育占据教学主导地位，学校课堂教学缺乏人文关怀，师生间的情感联系不受重视。

第二，师生关系功利化。市场经济社会背景下的价值取向、文化心态影响着师生心理。这对师生价值观和人生观产生了影响，教学和求学都带有利益的色彩。

第三，师生关系表面化、对抗化。社会大环境中的消费主义、竞争主义和功利主义直接影响着教育领域大环境，代际差别或"代沟"现象使两代人的沟通方式发生了一些变化，学生很容易产生不良的社会心理，甚至对于社会、学校和教师产生负面认识，如果引导不力，就会形成对抗。

总而言之，在我国师生关系的伦理现状中，伦理缺失的行为屡见不鲜，教育教学中失德现象也比比皆是。师生伦理关系危机的根本原因在于：其背后深层的社会根源，以及学校层面相对应的校园伦理缺失。同时，教师和学生缺乏作为教师、作为学生的专业素养和伦理道德精神。因此，探讨师生关系的伦理问题，努力建构良好的师生伦理关系是当务之急。

三、学校伦理关系的深层解读

（一）伦理关系的向度解读

第一，中华民族历史源远流长，在数千年的文化发展中，尊师爱生在师生伦理关系中始终占据着重要地位。先秦时期荀子把教师与天、地、君、亲摆在并列的地位，教师地位逐步提高。自古以来教师就如同父母一样爱护学生，因此，学生尊敬教师就像尊敬自己的父母一样，对待教师礼貌问好，听从教师教导。教师权威也逐渐形成传统，教师和学生都必须遵守为师之道，以及为学之道。教师在师生伦理关系中有倾听者、教育者、促进者等角色定位，从教师角色出发，尊重、关心、热爱学生将会是师生伦理关系的核心。师生伦理关系不仅有"尊师"这一重要内涵，另外，"民主、平等"也是师生伦理关系的重要内涵。孔子提出"教学相长"，柳宗元提出"以师为友"等，这些观点都包含着民主平等的思想。因此，教师对于教育事业的热爱原则是建立良好师生伦理关系的首要条件。

第二，伦理即人伦和道理。人伦即人与人的辈分关系，如忠、孝、悌、忍、善"五伦"关系准则；道理即约束人们行为的道德准则和道德规范。为了完成一项共同的教学任务，师生间必然产生交流和合作。教育教学活动是一种特殊的社会活动，必须遵守一定的伦理规范和道德要求，教育活动逐渐具有伦理道德性质，师生伦理关系也是伦理关系中的一种。师生伦理关系是教育活动中最基本也是最复杂的一种人际关系。

第三，伦最早是人伦，即人的血缘辈分关系，伦理在生活中也就是处理人与人关系时的道德规范，逐渐形成伦理道德一说。不管是生活中哪种伦理形式，其师生关系的教育活动，都无处不彰显着道德的要求。只有在道德要求的前提下，师生关系才能顺利进行，教学活动才能有序展开。基于这种认识与理解，教师和学生将逐步形成：在教育活动中具有伦理责任和伦理义务的道德共同体，师生也将承担着不同的道德责任。例如，师生关系中，课堂气氛的活跃、和谐或是自由都彰显着尊重、平等、友善的道德价值；教室布置中的座位安排、班级卫生彰显着勤劳、环保意识、审美的道德价值。总而言之，师生伦理关系彰显教师道德期待，同时，师生伦理关系也彰显道德模范的需求，教师的一言一行规范着学生的一举一动，促使教师强化自身道德素养。

（二）伦理关系的教化价值

第一，尊师重教是中华民族的传统美德。教育是民族振兴和社会进步的重要基石，它对提高人民群众的整体素质、促进人的全面发展、增强中华民族的创新力、实现国家的伟大复兴具有重要意义。教育是国之大计、党之大计。因此，良好的师生关系是实现教育发展的重中之重，教师和学生是教育情境中的重要主体部分，只有师生和谐共处，"尊师重教"才能成为风尚。

第二，在这个价值取向多元化的社会里，学生个人的成长道路上会出现无数种可能性，此时，学生正确三观的建立需要一个参照性标准，教师则是学生最好的"参照物"。学生对教师的模仿主要表现为：情感模仿和行为模仿。情感模仿表现为学生对教师师德、师爱的模仿，教师对学生的关爱使得学生也产生同样的情感，自愿以同样的方式去关爱同学，关心长辈等，这就使得学生具有优秀的品质，以及乐观向上的正能量。总而言之，教师的一举一动影响着学生的道德认知、道德意志、道德情感和道德行为，良好的小学伦理、师生关系有利于学生德性的健康成长。教师是学生最好的一个榜样，在教学活动之中，师生只有共同的参与、平等的共处、相互道德激励，才能共同谱写美好的未来。

第三，良好的师生伦理关系有助于改善师生的学校生活状态，树立师生共同发展的教育观。教育的目的是培养人的活动，促进人的全面发展。这里不仅指学生的进步与发展，还指教师的自我成长与专业发展。一方面，教师利用自身的科学知识水平、师德修养对学生的身心产生影响，在师生关系中教师尊重学生、包容学生，促进学生德智体美劳的全面发展；另一方面，学生的认可，学生对教师的积极评价与理解促使教师增加自信心，通过自我反思促进综合素养的提升，学生的积极反馈成为教师不断成长的精神激励，最终达成师生携手共进的教学目标。

四、伦理关系重构的实践策略

（一）教师重视伦理能力建构

1. 树立以人为本的教育理念

（1）教师应给予学生尊重、宽容与自由，教师不光是良师，还是益友。学生阶段，学生还是小孩，小孩的想法通常比较幼稚，童言无忌，越是呵斥越是反抗，尤其是小学高年级的孩子。教师可以对学生进行故事教育法，通过学生们感兴趣的点切入，对接师生话语系统。

（2）教师应树立以人为本的教育思想，教师和学生都是鲜活的人，都是有思想、有情感、有独立的人格，教师以人为本，尊重学生的权益、个性与自由；班级事务中尊重民意，使全体学生都参与到班级管理中来，尊重学生意志，逐步形成师生间平等、民主、合作的伦理关系。

2. 深化爱心与责任的意识

爱是一种情感交流，是一切感情的基础。因此，教师要深化爱心与责任的意识。

（1）师生间的相处都要以"爱"为基础，教师应该先进行付出，做到无愧于心，才会获得同学们的喜爱。这里的"爱"应该既包括对学生的严格要求，教师形成强烈的责任意识，重视学生的学习与生活，还包括对学生犯错误时的尊重与包容，对学生满怀期待与信任，让学生充满自信与自由。

（2）教师还应增强责任意识，充分利用先进人物的强烈责任意识，激发自身情感意志，不断提升在教学活动中的自觉性。教师应做到尽职尽责，做好自己岗位上的分内工作，认真完成教学任务的同时，热爱学生、尊重学生，对学生负责，促进师生情感和谐。

3. 形成"书信体"沟通方式

如今，在师生间存在着沟通不畅的现象，缺乏沟通平台，此时就可以以"书信体"的沟通方式，润物细无声地教育孩子。例如，在班级的家庭作业本上，师生双方还有家长都可以写上自己的想法，有哪些话甚至矛盾当面难以说出口，或是不好意思没有勇气表达，都可以在"师生沟通成长纪念册"上畅所欲言，便于有效沟通。通过学生感兴趣的点切入，让学生快乐积极地成长。因此，教师要学会创新沟通手段，推崇平等对话与双向情感交流。

又如，班里有男生爱抖动，不能乖乖站立和坐端正，教师就可以给他讲南开大学的容止格言"面必净，发必理，衣必整，纽必结；头容正，肩容平，胸容宽，背容直。气象勿傲勿暴勿怠，颜色宜和宜静宜庄"，由此，学生就会明白文明一举一动的重要性；再如，男生爱打篮球影响学习，是班里的后进生，教师可以给他讲"神一样的科比"的故事，教会学生一心一意做事情，启示他完成梦想的道路需要付出更多的艰辛。

4. 提高综合素养，增强伦理意识

如今，学生对教师的要求越来越高，这就促使教师需要不断提高自身素养，不仅仅是科学文化知识素养，还有教学能力、职业道德水平、性格完善等方面。

（1）教育伦理精神要求教育向善，教师应该拥有教育伦理意识，并在教学实践过程中，转化为属于自己的教育伦理意志，积极吸收东西方伦理精神精髓，取其精华，并且发扬光大。

（2）教师应学会终身学习。学生都十分重视教师的教学能力和经验水平。例如，有的学生表示他的教师除了字体书写不够好，普通话不是十分标准以外，其他方面都不错，这说明教师存在进步空间，教师要激励自己成为"学习型"的教师。

（3）教师应不断提高自身的职业道德水平，具有奉献精神，并身体力行，知行合一。教师是学生的榜样和模范。师德在师生伦理关系中起了较大的作用，不仅有助于增进师生感情，而且还有利于改善学校及社会环境，建构良好和谐的师生伦理关系。

5. 摒弃"年龄歧视"的问题

教师应该摒弃"年龄歧视"，以自觉的意识接纳师生间的年龄差异，把学生看作独立的个人。

（1）在伦理发展史上，年长一代总认为自身有着明显的道德优越感，但是，在飞速发展的当下，代际关系的自然属性受到了越来越多的挑战。因此，教师只有摒弃师生间的年龄等级系统，才可以与学生更好的和谐共处。

（2）了解并熟悉学生的文化符号，不再以高姿态训斥学生。例如，学生对周杰伦的追随与喜爱，很多教师难以理解，此时，教师应试着理解，并且宽容学生的审美观念，也许就会发现周杰伦身上有着超越常人的才华，以及拼搏奋斗的精神，这些都是其优秀的价值观，值得师生共同探讨与学习。

（二）教师规范学生伦理行为

1. 学生尊重教师

学校教师需要对小事进行约束，即从日常做起，规范小学生文明礼仪。对于传统文化中的伦理纲常，我们应该取其精华，尊重教师、礼貌问好符合优秀伦理精神，值得弘扬和提倡。学生尊重教师体现在生活的方方面面，例如，上课认真听讲，按时完成教师布置的作业，虚心接受教师的批评，勇于改正错误；学会感恩教师，教师节、感恩节学会问候教师，感谢教师的辛勤付出，并尊重教师的劳动成果等，这些都是学生尊敬并敬重教师的体现，有助于促进良好师生伦理关系的达成，创设和谐的校园环境。

2. 教师帮助学生树立正确价值观

学生的生理年龄和心理年龄都尚未成熟，也未完全接触社会，自身社会经验并不丰富，在处理利益问题和与人交往时都不可避免地产生错误的认识，这就需要在教师的引导下，逐步树立正确的世界观、人生观、价值观。正确三观的建立、德育教育的培养、伦理教育的完善对学生的成长而言尤为重要。学生阶段是树立正确价值观的重要时期，该时期的三观建立将影响孩子的一生。例如，教师与教师的相处，旨在为学生和同伴相处树立榜样，由于教师自身价值观对学生的影响深远，因此，教师要以自己为范例，为学生树立正确的价值观，营造和谐正直的班风、校风。

（三）学校制度的伦理引导

1. 加强师德师风教育

学校可以成立相关的师德师风建设领导及工作小组，制定师德师风建设的规章制度，严格规范教师的师德行为以及品行操守，学校结合实际、多渠道、多层次地开展师德师风教育。切实加强教师业务学习，提高教师自身素养。落实好教师自学，每位教师建立业务学习笔记本，并注重实用、真实，克服流于形式现象。

2. 搭建师生关系的互动交流平台

随着互联网的发展，网络改变了我们的生活，如何利用网络资源搭建师生沟通互动平台成为热门话题。学校可利用微课堂、心理健康讲座、师生心里话大讲堂等，为基础教育师生伦理关系的健康发展注入活力。学校应增加与其他优秀学校的黏性，多交流、多学习，邀请优秀讲师到校为全校教师开展主题讲座，增加师生关系相处的理论性知识，教师之间也可分享彼此优秀经验，进而努力提升自己。另外，增设一定的师生互动交流平台，有利于促进师生关系的良好发展，互相学习，取长补短，共同进步。

3. 强化学校管理者的伦理文化意识

首先，文化是教育的底色，学校教育尤其是基础教育管理者应重视伦理文化的作用，创设"书香校园""文明校园"，从物质环境和精神维度促进师生伦理关系的良好发展；其次，学校领导要拥有并且坚持处理家校矛盾的合理体系，学生出现问题的时候，及时联系家长，并对学生进行情绪安抚和心理疏导。

（四）家校教育的伦理整合

1. 家庭和学校间的合力

如今，影响师生伦理关系最重要的因素，是家长教育理念和教师教育理念矛盾。师生伦理关系的建构还需要家长的配合。家长应做到知行统一，以身作则，做好榜样示范作用。不同的家庭教育方式，会在一定程度上影响学生的情感方式、思维方式和行为方式，从而间接影响学生与教师间的交往互动活动。民主型的家庭教育方式，有利于培养学生的自主性和自信心，在与教师交往互动的过程中，学生的表现也会更加积极活跃。父母是子女的启蒙教师，其一言一行对子女将产生根本的影响，因此，家庭教育必须与学校教育共同承担教育儿童的责任。家庭教育与学校教育，是相辅相成、缺一不可的，这也就要求家庭和学校伦理环境在教育意义上，达成一致，一旦出现分歧与矛盾，势必会对师生伦理关系造成重要的影响。

2. 家长和教师的信任问题

家长和教师分别承担着家庭和学校的重要责任，良好师生关系的建立需要两者共同发力、相互信任，发挥彼此的教育功能。家长应该信任教师，与教师应该互相包容与尊重。家长需要主动理解教师、尊重教师，不要对教师过分苛责。当学生出现学习问题和生活问题时，家长要与教师第一时间进行沟通，共同解决问题。

第三节　学校善治的伦理基础分析

办一所好学校是所有校长的共同追求，有效治理有助于学校办学业绩的取得，但只有善治才能成就一所好学校。善治意味着学校教育的目的要有至善的教育追求，即要培养善良的人、亲社会的人和有道德判断力的人。善治意味着学校治理过程要具备教育性的有效、透明下的规则意识、可持续的绩效标准等要素。另外，善治还意味着为处于学习不利处境中的学生提供教育援助，这是学校善治的内在要求，理应成为学校发展过程中的制度安排。此外，善治还需要学校引领区域教育生态健康发展，为其他学校输出科学的教育教学方法和温暖的教育教学模式。

一所好的学校，首先，它的教育目的是求善的，一旦善良的教育目的被取代，不管办学条件有多好，也不管学生可以考出多好的成绩，这样的学校都不可能是真正的好学校；其次，学校在使用办学条件和取得办学成绩的过程中，其治理方式和治理规则都要经过伦理审视，并且任何时候"目的合理性"都不能取代对"过程合理性"的审视。但是，作为一所好学校，只有以上这两点是不够的。在善意的教育目的引领下，在符合伦理审视的学校治理过程中，的确会培育出一批全面发展的学生，同时也会有发展不够理想的学生，这时还需要给予他们额外的教育援助。因此，只是简单地用办学条件、师资队伍和生源质量来判断一所学校的好坏，学校会为了赢得好的生源，取得更好的考试成绩，采取一些不符合教育规律的方式方法，而这正是当下学校教育要回避的状态。如果想要走出这样的办学格局，需要我们重新追问学校教育的目的、学校治理过程的伦理基础。当学校面对具体的学生时，尤其是发展并不顺利的学生时又该如何待之，这是学校善治为我们指明的教育伦理方向。

学校教育是一项非常复杂的事业，不但在教育教学上"教无定法"，而且参与教育教学活动的不同主体，也有着不同甚至是相互矛盾的目的以及利益。因此，为了有效发挥不同教育教学主体的积极性，要么实现他们的个性化教育目的或者利益诉求；要么凝聚不同教育教学主体的个性化教育目的或者利益诉求，从而在更高层面上确定学校的教育教学目的，并且将其作为学校不同教育教学主体的共同追求。如果用统一的学校教育教学过程满足不同教育主体的目的与利益，最终结果往往是对教育教学过程的分化和肢解，使教师追求自己的专业价值，管理者强调自己的行政权威，学生只关注如何提高自己的考试成绩，却没有人追问专业价值、行政权威和考试成绩究竟意味着哪些。

换言之，当缺少更上位的教育目的时，看起来似乎是尊重每一类教育主体的价值与利益，但是在教育过程中，难免发生不同主体间的价值与利益矛盾。将大家不同的教育需求凝练成更高层次的追求时，不是不考虑不同教育主体的需求，而是把不同教育主体的价值与利益追求，统筹成为学校的事业，这个过程正是学校治理的核心任务。治理是各种公共的或私人的个人和机构管理其共同事务的诸多方式的总和，它是使相互矛盾的或不同的利益得以调和并且采取联合行动的持续的过程。对学校治理而言，最重要的事情就是调和不同利益和采取联合行动，而最有效的办法就是把不同利益调和成更高层次的追求，从而让大家采取联合行动去成就共同的事业。

从学校教育的目的来看，在体现教师专业价值、展现学校管理权威和提高学生考试成绩这些具象的层面之上，还应该去思考如何培养有正向德性的人，也即善良的人、亲社会的人和具有道德判断的人。只有从人的角度、从人的德性的高度，才能够引领不同教育主体的教育价值观与教育利益诉求，从而保证把他们的教育力量，汇聚成促进学生健康发展和教育事业持续发展的合力。

第一，培养善良的人是审视学校教育目的的人生观视角。在明确学校教育目的时，不论站在哪个角度都会觉得不够全面，不能起到凝练各方教育需求的作用，也不能起到凝聚各方教育力量的功能。例如，办一所好的学校，似乎学生觉得意义不大；办一所优质的学校，似乎教师觉得投入太大；办一所高升学率的学校，似乎社会觉得格局太小。因此，学校教育在方法与过程上要有"向上"的要求，但在目的上却只有"向善"的追求，做一个善良的人，这是做人的基本原则，即使不需要学校教育，也是可以为人所知悉与实践的。善良是每个人都可以知悉与实践的，可一旦经历学校教育之后，就会对它的可知性与可行性产生影响，学生掌握知识的过程，也是形成认知的过程，学生受教育的过程也是价值观的养成过程，如果在学校教育中丢失了对善良的知悉和实践，就会在学生的认知和价值观中生成知识重于良知、成绩胜于善良的结论。因此，评判学校是否在培养善良的人，并不是对善良本身的否定，而是在判断接受过教育的人是否依然保留善良的品性，并在更高教育层次上对善良有着更深刻的认知与更务实的实践。所以，善良无关学生在学校学得好还是不好，但始终与学生的学习进程相伴而行，与学生的受教育程度保持一致高度，只有这样，才能保证学校为学生提供的是好的教育。

第二，培养可以融入社会的人，是审视学校教育目的的社会观视角。学校教育的确有助于学生知识的习得，但是，这不应该是学校教育的全部。既然家庭是学生启蒙的学校，那么学校就成了学生启蒙的社会。学生也正是借助于学校的教育来认识与接受他所处的社会。因此，只有从社会角度来看待学生的学习、来定义学生接受的教育，才会培养出将来既有利于社会发展，又能在社会发展过程中拥有幸福生活的学生。学校不仅仅是让学生认识社会，更重要的是要让学生成为亲社会的人。学生认识社会的目的是融入社会、亲近社会并且建设这个社会。对学生而言，只有把自己放在社会这个大的生活背景之中，才可能更全面地认识自己，尤其是可以清楚地认识到自己的所长与所短，从而更有针对性地发展自己；也只有学生更好地亲近这个社会，才会对这个社会的可持续发展具有责任感和使命感，在履行自己责任和使命的过程中，更全面地实现自己的个人价值。

第三，培养具有道德判断力的人是审视学校教育目的的价值观视角。如果简单地把培养善良的人看作对学生人生观的培养，把培养亲社会的人看作对学生世界观的培养，那么培养具有道德判断力的人，则可以看成对学生价值观的培养。对学生道德判断力的培养，不仅仅是一种态度的培养，更是一种实实在在的能力的培养，只不过这种能力既依托于学生掌握的知识与技能，也依托于学生对具体情景和形势的把握。单纯的知识和判断之间的区别在于：单纯的知识只是被掌握而没有得到应用；判断是以关于实现的目的所指导的知识。良好的判断就是对各自的或相称的价值的鉴别力。

判断是以关于实现的目的所指导的知识。良好的判断就是对各自的或相称的价值的鉴别力。一个有判断力的人就是有估计形势的能力的人。如果只是让学生掌握知识，只是让学生接受那些"关于道德的观念"是比较轻松的，它并不考虑应用于实践的知识是否惰性的与静态的，所以掌握它们也较为简单，至于那些"关于道德的观念"，由于并不影响学生的实际行为，所以单纯地判断它的道德属性也就容易许多。可是，真正的教育并不是知识的传输，而是把学生对知识的掌握看作过程，真正的目的还在于解决真实的问题，而真实的问题就必然镶嵌在具体的背景和形势之中，这就需要学生具有明智的判断力，这时候学生的判断依据就不再是"关于道德的观念"，而是能够真正影响自己行为的"道德观念"。因此，培养学生的道德判断力，一方面是让学生的行为变得更有道德的需要；另一方面也是让学生把所学知识应用于实践的需要。惰性的知识可以是一种与价值无涉的存在，可一旦让知识在生活中变得具有活力和影响力，这时候学生的道德判断力就必然与知识的应用过程同步进行。

第四章 学校治理的多维度内容探讨

第一节 与时俱进谋划学校发展

一、谋划学校发展的体系分析

与时俱进是指随着时代的变化和社会的发展，不断调整和更新自己的发展战略。对于学校而言，与时俱进的谋划是至关重要的。学校的发展需要不断适应新的教育理念、技术和社会需求。此处以学校发展的规划为例进行阐述。

（一）谋划学校发展的功能

第一，导向功能。规划会提出规划期内学校发展的目标，它可以为学校各项工作以及各部门、各成员指明下一步努力的方向。

第二，实践功能。学校规划是学校发展的"蓝图"，在一定意义上，学校治理就是按图施工，践行"规划"，将"蓝图"变为现实。

第三，调节功能。有了规划的指引，各部门在执行过程中可以对照规划的内容和要求，审时度势，有序运行；当情况发生改变时，可在保证不影响规划整体实施的前提下，适时进行适当的微调。

第四，评价功能。规划实施过程中和规划期结束时，可按规划既定目标、方法路径、程序进行各类评价，包括诊断性评价、过程性评价和终结性评价。各类评价可以是专项（专题）的，也可以是综合的。

第五，接续功能。新一轮规划是前一轮规划的延续，它可以使学校工作承前启后，继往开来，永续发展。

（二）谋划学校发展的要求

学校的规划设计，涉及学校工作的诸多方面。

1. 关键要求

（1）前瞻性预判。规划设计先要做的就是将规划期内的目标、任务、思路、策略描述清楚，知道学校面临怎样的机会与挑战，如何做才能把握住机会，实现可持续发展，即面对未知的世界，面对不确定的未来，能够高瞻远瞩，做到"先知先觉"。

（2）系统化思考。有了清晰的目标，接下来就是系统地思考如何实现目标，哪些要素是充分条件，哪些要素是必要条件。系统化思考就是努力寻找"根本解"，大家在日常工作中看到的问题往往是表面现象，如果根据表面现象采取对策，往往事倍功半，治标不治本，很容易反复。

（3）方法论支撑。唯有把系统性的思考上升到理论的高度，学校才可以重复成功的模式和做法，才能够有所发现，有所创新。所以，顶层设计一定要有方法论作支撑，包括课程开发、技术研发、模式设计、队伍建设、资源利用、服务体系等。有了方法论，就可以提高组织智商，减少重复劳动。

（4）数据化分析。仅有方法论是不够的，学校要想获得长足的发展，就必须形成一套科学的决策机制和运营管控体系，学会用量化的语言沟通、分析和决策。要知道精细化管理是建立在信息化基础之上的，而信息化系统包括很多分支，如决策支持系统、运营管控系统、人力资源系统、知识管理系统等。如今，大数据技术已经可以为我们提供这方面的支撑。

2. 操作要求

（1）精心提炼核心理念。核心理念是学校教育教学与管理活动的核心思想与最根本的价值追求，是贯穿所有办学理念、办学行为和环境建设的逻辑起点和质的规定，是学校发展的精髓。核心理念须具备统领性适切性、独特性、稳定性等基本属性。"统领性是指能够覆盖学校工作的所有领域，辐射到校园的角角落落以及每一个学校人的日常行为之中，渗透到课程、课堂，校内、校外"[①]，统摄课程理念、教学理念、德育理念、科研理念、管理理念等，使学校的每一缕空气里都弥漫着一种内在的积极向上的"精气神"。适切性是指契合学校办学的传统，顺应学校发展的优势和趋势。独特性是指有别于他校，有自己鲜明的个性。稳定性是指这种理念能够长期统领和支撑学校办学行为，能影响学校一个较长的时期甚至几代人。

（2）准确定位，明晰步骤。学校定位是指学校依据自身基础和条件、所处区域环境、发展需求等因素，合理确定学校发展的基调、特色和策略，是对学校办学规模、办学层

---

①李惠琴. 学校治理悟与行［M］. 上海：文汇出版社，2021：50.

次、办学类型等作出的方向性选择。学校发展，从实施策略上看，必须正确定位。没有正确合理的定位，就不可能促使学校科学发展、优质发展、持续发展；从内容上看，学校定位包括定向、定标、定质等。"定向"是确定学校发展的方向，包括学校的发展方针、目标走向、战略模式等；"定标"是指确定学校发展的远近目标，学生成长、教师发展的培养目标，学生与教师形象设计等；"定质"是指确定学校的性质，确定学校内在的、相对稳定的、个性化的特色和品质。

一份好的规划有了正确定位，还少不了具体实施的"时间表"和"路线图"。从时间上看，既要直面当前现实，又要放眼发展远景，即既要考虑"千里之行"，又要致力"始于足下"；从路线上看，要对照"时间表"，设计具体的、周密的、行之有效的路径，才能引领学校沿着正确的轨道顺利发展、快速发展。

（三）谋划学校发展的要点

1. 点面结合，突出工作重点

学校发展规划既然是事关"学校发展"的，因此它所涉及的方面就很广泛。但是，制定规划要"点""面"兼顾，既要照应"面"，又要突出"点"。这样的规划，才能让人们胸中有"数"。如何做到"面"中有"点"，以"点"带"面"，"面"是基本盘，"面"形成了，学校发展的"盘子"就呈现在人们眼前了，它体现的是学校新一轮发展中基础性的工作，也是常规性的工作，体现的是一般要求。关键是"点"，"点"选得好，就抓住了学校新一轮发展的关键。怎样才能选好"点"，一般而言，好的"点"应该具有以下三个特征。

（1）对"面"上工作具有带动作用。学校工作好比画龙点睛，如"面"是"龙"，则"点"就是"睛"。重点工作就是足以影响大局的工作。

（2）对"面"上工作具有示范作用。当"面"上某项工作进退维谷，人们信心不足，收效不理想时，重点工作能用自己的实践"现身说法"，为"面"上的工作做出榜样，以自身的成功激发人们的积极性，产生新的动力。

（3）对"面"上工作具有促进作用。当"面"上某项工作遇到困难、行动迟缓、跟不上节奏时，"点"工作由于与其具有一定程度的关联，需要同声共气，便会对该项工作形成"倒逼"氛围，促使其只能选择继续前进这条路。

具备上述三个特征的"点"，就是新一轮发展的工作重点。

学校发展的基础性工作，多数学校是有"共作"的，但重点工作一定是"个性"化的。同一个时期，不同的学校各有不同的"重点"，这是因地制宜；同一所学校，不同的时期有不同的"取点",这是因时制宜;无论何时、何地,教师、学生情况的不同也决定着工作的不同,这是因人制宜,这就是我们确定工作重点时的考量。

2. 认准方向,明确指导思想

学校新一轮发展往哪里走,是要在一定指导思想的引领下来确定方向的。在这里,指导思想,即我们的计划、行动、方法受怎样的思想、理论、观念导引或支配,以及由此而产生的战略决策、行为动机和目的等。

无论怎样的"规划",其中所提的指导思想,可以从两个方面来理解:一是规划制定工作本身的指导思想,即如何指导规划的制定;二是规划所涉及事项的指导思想,即如何指导规划中提到的各项工作。这里,我们主要阐述学校新一轮发展的指导思想。

指导思想处于人的意识、认知、思维的最高层次,通常具有哲学的、真理性的意义,是人的行为的"根基"和"精髓"。学校新一轮发展的指导思想,应该与规划期社会、经济、文化、教育等发展的形势相适应且"合拍",特别是要体现国家新的教育方针、政策、策略和要求,要高瞻远瞩,切忌急功近利。与学校发展指导思想密切相关的因素有很多,关键是要明确以下内容:①坚持"素质教育"方向,将"育人"作为根本诉求,正确处理好"育人"与"育分"的关系;②坚持德育"首位"、教学"中心"的定位;③着眼于学生"综合素质"的提升,突出学生发展"核心素养"的培育;④完善学校治理结构,提高学校治理水平。

3. 系统思考,建构目标体系

学校发展目标是指学校根据自身的具体情况确定下一步所要达到的境地和标准。发展目标,对学校的各项工作和全体成员具有定向、规范、激励、凝聚作用,是大家共同的愿景。因此,目标定位在学校新一轮发展中具有举足轻重的作用。

理论上的目标,应该是一个目标体系:宏观、中观、微观;长期、中期、近期。就学校而言,接触较多的是中期目标(3~5年)、近期目标(学年或学期)。尤其是近期目标,一定要注重目标具体化,以便实施过程中可对标调控,周期结束时可对标检测。学校发展目标是一个综合性概念,作为目标体系,它由办学目标、培养目标、管理目标等组成。

(1)办学目标。办学目标是学校办学宗旨的体现。按逻辑结构,办学目标可分解为总目标、分目标、阶段目标。其中,总目标反映全体成员的共同愿望,是学校发展的整体取向,因而是最高层次的目标设定;分目标一般是各相关主要工作的目标设定,如德育工作目标、教学工作目标等,属于办学目标结构的第二层次。按时间跨度,办学目标可由长期目标、中期目标、近期目标组成。至于办学目标的准确表述,通常见之于学校的发展规划中。

办学观念决定办学目标。不同年龄、不同性别、不同经历的校长和不同学段、不同历史的学校，办学观念就会有所不同，因而办学目标也有所不同。下面着重分析如何设立合理的办学目标。

第一，办学目标要超前，具有预见性。目标是基于现状而指向未来的，无论是近景目标还是远景目标都不例外。因此，目标的设立，需要全面认真地分析现状，并对未来的发展有准确的预测和适时的超前思考，急功近利的目标追求是非理性的。

第二，办学目标要清晰，具有可视性。一个人的学习、工作就像是在大海上航行，没有灯塔的指引，就很可能迷失方向。因此，灯塔应该是可以见得的，学校的办学目标必须是可望、可及的。

第三，办学目标要分类，具有层次性。这样做，便于实行分类管理、阶段管理。分类管理可以使工作更有条理，阶段管理有利于目标的逐步实现。

第四，办学目标要适当量化，具有可检测性。要有明确的数据指标和时间点，便于检查和考核评估。

第五，办学目标要留有余地，具有变通性。在趋向目标的过程中，往往会出现"计划赶不上变化"的情形，这时就需要对目标作出适当调整，以便更好地实现目标。

（2）培养目标。"办学目标"中其实是包含了"培养目标"的。出于思考角度的不同，我们将两者分开讨论，以表明其在学校目标体系中的重要地位。

我们可以将办学目标与培养目标做一个比较：办学目标的设定是从学校的角度考虑的，回答"将学校办成怎样的学校"，具有阶段性特征；培养目标的立足点定位于学生的发展，回答"将学生培养成怎样的人"，具有稳定性特征。不过两者是有内在关联的。一方面，在表述上，办学目标与培养目标都是采用"方法（手段/途径）+目的"的句式，两者在方法/手段/途径上是有一定交叉的；另一方面，在实践中，人们常常并不将两者加以严格区分，这是因为，办学目标隐含着"这样办学才能培养出所需要的人"的意思，培养目标隐含着"这样办学才能培养出这样的人"的意思，于是办学目标和培养目标联合表达时，办学目标便成为方法（手段/途径），培养目标则是目的，办学目标为培养目标服务，即办学目标的实现服务于培养目标的实现。其道理即：学校办学的最终目的在于培养人，它意味着无论阶段性的办学目标如何变化，都必须服从并服务于稳定性的培养目标。从这个意义上而言，两者具有内在统一性，是在更高层次上的有机统一。

（3）管理目标。管理目标是整体目标的一个方面，也可以称为分目标之一。一般而言，管理目标在各类规划、计划的文本中并不常见，但从现代学校治理的高度看，管理目标的重要性不言而喻。文本中未出现，并不意味着我们不需要考虑，即将管理目标明确地纳入学校目标体系很有必要，所以，我们在目标分类中也将"管理目标"单独列出。

在企业界，管理目标通常包括五大要素：提升品质、降低成本、确保交期、确保人身安全、提高士气，五大要素简称 QCDSM，可作为我们确定学校管理目标的借鉴。我们的学校管理目标应当致力于：确立高度的质量意识，增强学生、家长、社会的满意度；科学、高效地开发利用各类教育资源，提高资源使用效力；按期完成各项工作任务，提升工作质量和效益；强化学校安全保护措施，确保学生健康平安成长；建立健全各种激励机制，充分调动师生员工的主动性积极性。

综上所述，这三大目标是密切联系的。办学目标指向学校全方位的发展，起统领作用；管理目标是实现办学目标、培养目标的举措，起保障作用；培养目标指向学生全面素质的提升，是学校工作的核心。办学目标、管理目标都要服从并服务于培养目标的实现。一般而言，在规划文本中，各类目标常常是以总体目标、具体目标（或分目标）、阶段目标分层呈现的。

4. 审时度势，确定发展策略

所有的规划都必须紧跟形势的发展，谋定而后动。学校发展规划也必须审时度势，跟进时代的步伐，适应形势发展的特征和要求，这就与学校的发展思路、发展策略有关。思路清晰了，策略明确了，学校发展的规划才可能顺利、有效实施。

（1）理清发展思路。"规划"所称的发展思路，是指在规划新一轮发展时，理顺完成工作目标、任务的顺序，思考工作中可能遇到的问题以及相应的解决办法，并随着工作的进展不断更新的思维活动。

考虑发展思路，需要在明确指导思想、发展目标的基础上，掌握大量的、真实的具体情况，并对其进行一番去粗取精、去伪存真、由此及彼、出表及里的分析和综合，把握工作的重点、要点和难点，形成切实可行的工作推进路径。

学校发展思路是关于规划期内学校新一轮发展路径的思考，它同样需要在掌握大量第一手资料的前提下，通过分析、综合，使感性认识上升到理性认识，从而梳理出一条具有可靠性、可行性、可操作性的工作推进路径。

（2）明确发展策略。发展策略就是关于一定时期内为贯彻发展思路、达到发展目标的方法、谋略的思考。学校发展策略旨在智慧、谋略、技术层面推动学校发展进程，助力学校发展中问题的解决，实现学校的持续、稳定、健康发展。

策略与战略有联系，也有区别。两者都与智慧、方法相联系，都属于谋略的范畴。战略主要关注宏观层面，侧重于方向性、整体性、长远性的思考；策略关要关注中微观层面，侧重于执行性、具体性、即时性的思考；战略的表达语言较简单、概括一些，策略的语言表达相对复杂、详细一点。

（四）谋划学校发展的工作

1. 过程调控

一般而言，规划的时间跨度多在三年以上，因此，规划的实施是一个系列化、序列化的行动过程。加强对这一过程的调控，通常需要做好以下工作。

（1）按计划全面部署。规划不能只是停留在文本上，而要让其在实践中发挥应有的作用。规划进入实施阶段，要按照预定计划对各项工作进行全面部署，包括通过必要的宣传教育统一认识，学习领会规划的主要精神，明确工作任务及要求；对规划中确定的重要事项，可单独订立实施方案，落实人员，明确责任，安排进度并确定时间节点，以及做好物力、财力、技术保障服务等。

（2）检查规划执行情况。在执行过程中，我们要善于用规划来凝心聚力，集中智慧，经常对照规划检查执行情况，以提高执行效力。

规划执行情况的检查，可采用定期或不定期方式。就基层学校的规划实施而言，要强化随机检查。

按照现代管理理论，数据也是一种资源，而且其重要性大有超越自然资源的趋势。所以，检查规划的执行情况，要注意检查结果能量化的尽可能量化，形成关联性强的数据资源。

（3）对检查结果进行标准化处理。对检查结果特别是数据资源，可使用相关软件进行数据分析。例如，SPSS 软件，就是适用广泛的数据处理软件，该软件包含了百余种数据分析方法。人们比较熟悉也比较适用的主要有 T 检验、方差分析、回归分析、相关分析、卡方分析、聚类分析、因子分析、正态性检验等。

此外，利用大家更为熟悉的 office 的 Excel 对数据进行标准化处理可能要方便得多，它主要使用的是极值处理法，尤其是比较方便进行差异性检验、相关系数计算、多元线性回归分析等，这些都是平常用得着的。

总而言之，对检查结果进行标准化处理，可以有效提升规划实施的科学性和效益。

（4）反馈。反馈也称回馈，它是现代科学技术的基本概念之一。从理论、技术的角度反馈作为控制论中的一个概念，是指将系统的输出返回到输入端并以某种方式改变输入，进而影响系统功能的过程。我们在此所指的反馈，通俗而言，即进行规划执行情况检查时或检查后，检查者将检查结果（包括数据分析结果）返回给执行者，以便其采取应对措施，使规划得以继续、有效执行。

反馈有三个要点：一是及时，不能拖延，更不能不给予反馈，如果一般可以即时回答的问题因故不能回答，一定要告知对方何时答复并履行承诺；二是准确，实事求是，最好是凭数据说话、凭结果说话；三是具体，不要笼而统之、大而化之，也不要模棱两可，含糊其词。

（5）微调。对于规划所确定的重大事项，经过反馈环节，感觉原实施方案存在某些不足，有新的问题产生，或实际情况（如人员、环境、条件等）发生某些改变，或发现有更佳路径、更有效的方法时，须对实施方案进行适当调整，这种调整，一般多为局部的、个别的。倘若调整面过大，以致可能影响到整体规划的实施，则需组织论证，必要时，可对原定规划做一些微调。

2. 绩效评价

关于学校发展规划，每一轮规划期满，都要有相应的跟进举措，具体包括以下内容。

（1）回顾与总结。对规划确定的重大节项的实施过程进行回顾，通过回顾汲取经验教训，为下一轮新规划的制定提供参照。一般而言，回顾先在部门层面展开，然后推进到校级层面，主要是回溯规划事项的实施过程，反映成绩与不足，有针对性地提出相关工作的设想和举措。两个层面的回顾交流完成后，分别形成正式的书面总结。

（2）检测评估。检测评估主要包括以下内容。

第一，对标检测。依据规划文本，对照规划所确定的目标（指标）、内容（特别是重点工作）、要求，充分利用积累的资料（包括数据分析资料、音像资料等）和物化成果，以及座谈访问、现场考察等，对规划实施的过程与成效进行检测和评价。此处的评估，是指学校自评，由学校教职员代表大会组织实施，可成立专门的工作班子。

第二，实行激励性评价。评价以正面评价、肯定性评价为主。做得好的，要充分肯定；表现欠佳的若有所进步，也要肯定，以勉励其再接再厉；要正视存在的问题，不回避、不放任，但指出问题并非简单的批评，而要让当事人明白问题出在哪个环节，如何改进，并督促其付诸行动，评价者要善于将自己的善意转化为对方的动力。

第三，评价要具体。激励性评价不是单纯表扬几句，而是要说出对方究竟好在哪里；指出问题时要摆出具体事实，泛泛而谈不具有说服力和影响力。

第四，要掌握分寸。对于存在的问题，不要将其他的事情牵扯进来，更不要无限上纲，这样容易让人接受。

第五，评价行为而不是评价动机。对动机的判断，只不过是评价者自己的感觉或猜测，未必是事实，正确的做法是客观描述对方的行为，然后让当事人说明产生问题的原因。

第六，注意场合。公开表扬可以对其本人和大家有激励作用，公开批评让人感觉不舒服。人们不会认为公开的批评是善意的指导，只会将其视为惩罚。个别交流，可表明严肃态度，也是对对方的尊重，使对方更容易接受。同时，对个别交流的情况要给予保密，否则适得其反，以致前功尽弃。

（3）主要成果展示。对规划实施的效果，除了要认真总结，还可举行成果展示，让人们在分享成功喜悦的同时，引发更深层的思考，建立更大的自信，以良好的精神状态迎接新一轮发展的挑战。平时，要注重收集和保存成果样本，对不适合长期保留的，可利用现代信息技术进行加工制作。

（4）评价结果运用。评价不是走形式、走程序，所有的绩效评价都是为评价而评价。评价结果的运用，应视为评价机制的一个重要组成部分。因此，评价工作结束之后，要做好三件事：①规划实施情况和绩效评价的结果，须向学校教职员工代表大会报告；②利用数据分析资料，计划下一个发展周期的行动；③梳理本轮工作中的遗留问题，若有必要，则转入下一轮循环。

二、与时俱进谋划学校发展的实践

随着社会的进步，教育理念也在不断更新。学校应该关注教育领域的最新研究和实践，引入创新的教育模式和方法，提供更加贴近学生需求和社会需求的教学内容和方式。与时俱进的谋划是学校发展的必然选择。只有不断调整自己的发展战略，适应时代的变化和社会的需求，学校才能在激烈的竞争中立于不败之地，为学生提供更好的教育和发展机会。下面以建设特色学校为例，阐述与时俱进的谋划学校发展。

（一）特色学校的主要特征

第一，具有独特的办学理念。特色学校的关键是具有独特的办学理念。办学理念是立足于学校历史、现在及发展目标的基础上，在校长的带领下，全体干部教师共同提炼的、属于学校成员共有的特色理念，它既要阐述对学校的理解，又要阐述对办学的认知，其根本是学校内涵、学校价值及其经营，涉及学校的办学目标、课程体系、教学模式、管理制度、校园文化、师资队伍等，是学校各个实践系统的纲领特色。

第二，具有独特的教育模式。教育模式是一种稳定的教育行为方式，它包括理论依据、教育目标、必备条件、操作要点以及评价标准和方法等。目前常见的独特教育模式有两种：一是结合当代社会发展和教育趋势的主题作为重点的教育模式，如生命教育、快乐教育、智慧教育、生态教育等，并在这样的教育模式下，五育并举、协调发展。二是突出一育，再促进其他方面发展教育模式，如以美育为特色教育模式，其他学科均渗透美育进行教学。

第三，具有独特的课程体系。课程是学校教育的核心，一般包括国家课程、地方课程和校本课程。课程体系是根据培养目标而确定的课程门类、形态及相互间的关系。国家课程和地方课程的校本化是课程体系特色的重要内容。校本化的特色程度，包括课程结构、设置和内容，决定了课程内容的性质和特点，也决定了教学方法、手段和组织形式是否具有特色。

第四，具有独特的实践活动。实践活动是素质教育的重要途径，学生可以通过实践活动在生存能力、学习能力、合作能力、创新能力和人际交往能力等方面得到了发展。实践活动是课程的有效补充，近年来，实践活动逐渐课程化，但它比课程更为灵活。常见的特色实践活动有二类：一是基于重大节日的实践活动，在办学理念的指导下，通过特殊节日的特色实践活动，强化培育目标，如世界环境日的生态教育主题活动等；二是基于常规管理的特色活动，在教育模式的影响下，有特色地进行每日活动，如传统文化特色的课间操等。

第五，具有独特的管理理念和制度。学校管理上升到文化价值层面时就形成了鲜明特色，体现在管理理念上便是以某种管理理论为指导来管理学校事务。同时，管理制度的建立和落实也可以形成特色，如学校章程、绩效管理制度、教师聘任制度等。

第六，具有与办学理念相应的文化环境。校园文化环境中无论是物质文化环境还是精神文化环境，都对培养学生发挥了重要作用。学校的文化环境是办学理念的物化，是通过美观、优雅的显性视觉系统传达内涵丰富的隐形文化。其熏陶功能是综合的，建筑、设施、绿化、装修，宿舍的管理、清扫、服务等都是视觉传达系统的组成部分，其特色是在办学理念的引领下结合其功能设计而成。

（二）特色学校的形成途径

1. 以校史荣誉为积淀创建特色学校

百年老校的沧桑与坚韧、留芳名师的彷徨与睿智、杰出校友曾经的磨难与辉煌都是独树一帜、无法取代的"特色"，让他们在创建特色学校的道路上显得相对轻松且强劲。由于百年老校建校时间久，通过以校史荣誉为积淀创建特色学校，其理念特色是在实践中提炼而来，一般先有独特的教学特色、课程特色和行为特色，再逐步构建环境文化特色，最后提炼教育理念特色。

例如，湖北省武昌实验小学始创于 1905 年，前身是两湖总师范学堂附属两等小学，校园是清代"两湖书院"和原中央军事政治学校旧址，作为一所百年老校，不断传承创新，学校教育科研工作呈现出"草根性、全员性、校本化、日常化"的明显特质。学校始终坚守"实验"之本，长期积淀形成了一种以"整体改革"为特征的"实验文化"，这种"以'整体改革'为特征的'实验文化'"也成为学校的办学特色。几十年的整体改革实验，使学校积淀形成"大气优雅、探索超越"的"实验精神"，进而形成一种"敢于实验，敢为人先"的"实验品质"。"实验人做实验"已成为全校教师的共识。

2. 以社会资源为契机创建特色学校

由于社会资源介入学校教育，往往不会全面深入，学校可以借用社会资源来打造特色学校，是从"点"到"面"的特色建设。通过这种途径构建特色学校，一般先结合社会资源形成特色课程，打造特色课程体系，特色实践活动，进而提炼教育理念和管理制度特色，最后改善特色校园文化。

例如，武汉市神龙小学坐落在世界 500 强企业云集的"中国车都"，拥有东风汽车、神龙汽车、东风本田汽车等五大汽车公司总部，集结了高学历、高素质、高收入的造车人群体，他们对汽车的历史、品牌、原理、设计、制造等有着比较精通的了解。学校 80% 学生和教师都来自车都造车人的家庭，他们的父辈奋斗在造车的第一线，成天和汽车的各个零部件打交道，耳濡目染，孩子和老师对汽车知识有着一种特殊的情感，对汽车知识的了解也独具优势。前身为神龙汽车公司子弟学校的神龙小学，从 1997 年建校就跟随"车都"的飞速发展而跨越前行。学校的发展不仅体现在数字的增长，还必须扎根地域历史和文化渊源。神龙小学地域独特、生源独有。以"车"为载体，无疑成为学校构建文化特色、强化办学特色的突破口：首先，根据社区和家长资源开设与"车"相关的特色课程与特色活动；之后，根据汽车元素与学校教育相关性的象征寓意，学校采取"有机结合，延展思路"的探寻策略，发展构建起学校车育理念文化；根据汽车行驶与人生行进相似性的核心要求，引导学生"把握方向，安康前行"的人生实践，形成了学校车育德育文化；根据汽车能耗与课堂负荷相仿性的效益观念，教师紧扣"节能降耗减轻负荷，增效提质"与课堂"减负增效"提质增色的教学改革，完善课程打造车育教学课堂文化；根据汽车生产与学校育人相通性的管理特点，领导坚持"人本至上，便捷高效"的指导思想，创生学校车育管理文化；最后，根据企业环境与学校环境相应性的营造目的，构筑"优雅精美，富蕴多元"的教育生态，营造学校车育环境文化。

3. 以校长理念为核心创建特色学校

即使没有丰富的校史资源，校长作为学校的领导者、组织者，其教育理念便是特色学校最独特的魅力。教育理念本质上说是学校世界在校长头脑的客观反映，是校长通过对教育对象认识形成的一种观念，其具有一定的思想性、实践性、发展性和前瞻性。以校长理念为基础创建特色学校，其学校文化、校园环境、干部队伍精神、教师精神等一脉相承，可以比较快速地将学校所有力量拧成一股绳。

通过这种途径构建特色学校，一般适合毫无根基的新校。从建校之初，就由校长和学校干部通过顶层设计打造特色学校，一般是先有学校教育理念，根据理念特色打造课程和环境特色，再不断内化形成教师和学生的文化认同，形成教学特色和活动特色。

4. 以特色学科为基础创建特色学校

学校在探索教学的过程中，逐步形成了有特色的学科或教学模式。随着特色学科的深入，师生长期沉浸特色学科的教学中，形成特色文化，最终建成特色学校。

例如，武汉市原钟家村小学在长达三十多年小学语文阅读教学实践与探索中，形成具有钟家村小学语文阅读教学特色的教学理念，确立了"以读为主，综合运用"为核心的"读式"教学模式，形成了从认知、解读的层面展开，引导学生在课堂上注重读、突出读、养成多种爱读的兴趣习惯以及以认真读书的学习热情为特色的"读式教学"法。"读书文化"的兴起，使师生品尝到了阅读的乐趣，师生的心灵得到润泽。在进一步发掘传统的过程中，顿悟到"读"不仅仅是读有字之书，更应该引导师生读无字之书，即"读"人生、自然、社会。于是，以打造"读式文化"为抓手积极开展了学校文化的创建，重新梳理了办学思路，即以"读式文化"为基础，以地域知音文化为依托，吸纳知音文化中"求真、求精、求实、求新"的精神内涵，推动学校文化建设，构建独具学校特色的价值系统，全力打造特色鲜明的学校标识，构建独特的学校载体系统、特色推广系统，形成有效路径，促进学校的特色发展。

5. 以科研为平台加速创建特色学校

无论以历史为契机还是以荣誉为基础创建特色学校，都对学校过去的基础有一定要求。在教育发展迅速的时期，很多改革、合并、新建的"零基础"学校在创建特色学校方面处于弱势，他们通过实践探究得出以科研为平台创建特色学校的途径。教育科研是推动教育改革与发展的力量，也是促进学校工作全面优化的法宝，学校管理者、教师在科研过程中不断取得新知识、探索新领域，使全校师生通过实践不断提高自身素质。而特色学校，也可以借科研的平台，倾全校师生的集体力量从零基础打造特色学校。

通过这种途径构建特色学校，大多适用于底子薄弱，如师资力量不强，需要不断学习和磨砺等。一般是先有学校发展愿景，通过专家提议、同行互助或者集体讨论，申报特色学校理念相关的科研课题，在课题研究中共同打造易于实践的教学特色和活动特色，并运用学生作品和教师创意构建环境文化，有一定成绩后，在专家指导下构建课程体系特色和管理特色。

如武汉市情智学校，学校先后进行了《围棋特色教育与学生良好心理品质培养研究》

《学生应急情智素质培养研究》《创新情智教育模式培养情智双优人才》等科研项目，其科研成果不仅有效地促进了学校发展，而且还在武汉市、湖北省乃至全国进行广泛推广，为推动素质教育不断深入发展，产生了较大的社会反响。学校在市局大力支持并给予了科研项目奖励基金的经费扶持，引进了中科院的科研成果——先进的心理健康设备，设立了情智心理素养培育中心，长期坚持开设情商课程，开展促进学生情商发展的大型活动，使校情商教育始终贯穿在学校教育中，形成特色文化。

综上所述，不同学校因历史、基础、学科、校长等情况不同，在形成特色学校时的路径也不同。在创建特色学校的过程中，往往会以一种途径为主，其他1~2个途径为辅。

第二节　强师计划下的师资队伍

"强师计划"的颁布为当前教师队伍建设提供了支撑性的意见，给接下来一段时间的教师专业发展指明了方向。在新形势的推动下，教师角色也在丰富和发展。下面以"强师计划"下中小学教师专业发展的新内涵与新路向为例进行阐述。

一、强师计划下师资队伍专业发展的新内涵

"双减"推动教育提质的步伐，刺激教育事业的发展，使教师思考如何在"有限"的教学时长下提升教学效果，给教师发展指出了问题的方向。当前，教师角色定位不断被赋予新内涵和新定义。"强师计划"是在中小学教师队伍建设进程下提出的重要性文件，以"立德树人"为宗旨，强化教师自身的德行与品行，提升教师专业素质与能力，与新的时代发展融合，不断创生，争取扩大中小学教师队伍的影响力和号召力。教师专业成长日趋多元和丰富的进程下，中小学教师专业定位正在经历从以德育人的"人师"，到以反思精进为重的"能师"，再到以协同创新为点睛之笔的"智师"的角色转化。"强师计划"赋予了新时代教师专业发展新内涵。

（一）强调以德育人为宗旨的"人师"

当前，一直将"立德树人"视为我国教育的根本任务，教师是实现"立德树人"根本任务的主力军，社会的发展及教育研究的深入使得教师角色得到了升华，从"教书"走向了"育人"。如何"立德"，教师的师德就成为立德树人的基本条件，师德师风是影响学生学习的关键因素，教师的一言一行亦是学生学习的范本。教师职业的特殊性在于，不仅精于"授业""解惑"，更要乐于"传道"；不仅要努力当"经师"，更要致力当"人

师"；不仅善于"言传"，更要恒于"身教"。"学高为师，身正为范"。

教师道德水平的高低，直接影响到学风、教风、校风、社会风气。"师德"是影响教师角色的关键，它决定着教育的方向和实力，是提升教师综合素质的动力与源泉，更是获得社会认同和支持的重要力量。

中小学教师是学生心智萌芽的助力者，也是学生健康发展的精神导师，在学生的成长过程中有着重要的作用。在对学生进行科学文化知识的普及和综合素质的培养过程中，教师的思想政治素质、职业道德水平、专业学术水平都会对学生的世界观、人生观、价值观产生潜移默化的影响。在"双减"的推动力下，教师要改变育人的理念和方式，要把教书育人和自我修养结合起来，做到以德立身、以德立学、以德施教。

（二）坚持以反思精进为重点的"能师"

"教师业务能力是衡量教师专业度的重要指标，职业性和专业性是当前师范院校培养未来教师的两项追求。"[1] 随着人类社会的现代化，对各种专业技术人员的需求量与日俱增，对教师的要求也越来越高。教育的发展涉及社会发展、个体成长等多方面的问题，现代教师已不仅仅是"传道、授业、解惑"，更要有较强的职业素质和较硬的专业素质。职业化和专业化是当前教师发展的重要特点，应该把它作为教师发展的重要内容。"教师"名称下的职业化和专业化也表明了教师成长和发展路程需要不断精进和钻研，教师工作不仅仅是技巧的锻炼，教师面临着复杂的求学者和不断变迁的教育环境，需要教育者有终身学习的品质。教师的服务对象是人，人有着多面性，就意味着教师面临着相当多未知的、不确定的问题。仅局限于基础知识和基本技能的熟练是不能成长为一名好教师的，需要在现有的教学基础上灵活运用教学技能和方法，带领学生更加轻松的学习；也需要教师在不断变化的教学环境下，反思教学情境中遇到的问题，多揣摩、多思考、多实践。"双减"落地推动中小学教师思考课堂教学设计，如何最大化让学生在有限的时间内深入理解知识、运用知识，促进教师不断研修、完善教学设计、作业设计。

"学无止境"是现代人应当铭记的关键字，教师作为专业人员在承担教育责任的前提下，更应该以反思精进作为专业发展的重点，在"教师"这个名称下发光发彩，争取发展成为"能师"。

（三）注重以协同创新为点睛的"智师"

"协同创新"，是指教师在自身专业发展和精进的基础上与教师群体共同发展，扩张教

---

[1] 严清，曾素林."强师计划"下中小学教师专业发展的新内涵与新路向 [J]. 平安校园，2022（11）：54.

研团队，集中教研成员的力量，将"研教与研学"摆在教师团队研究的中心位置。协作共同体的创设需要教师自身有合作意识、提升意识，以此为基础才能让团体中的每个人都得到提升。教师要做好教学工作，更要深入思考和挖掘教学工作背后的问题，"研教"是日常教育工作中的重要环节，教师围坐在一起，探讨理论，摸索实践进路，对接下来的工作给予意见和方法论的指引，这是教师专业发展中有必要且对学校发展而言很关键的一环。促进教师进步与发展，明确教师要有发现问题的能力，基础教育中有许多教师不是螺旋式的成长。造成这种情况的关键点在于教师没有停下来真正思考和探索问题的真正解决之道。如何成为一名"智师"，是在教好学生，做好教育教学任务的基础上能够促进自我提升，实现自我价值。作为教师的关键任务是教书育人，但教师也是一个独立的个体，也会有想要实现的目标与理想，也有想要通过研究解决的问题，也会想成为一名"教育大家"，这就使得教师在成长进步的路途中也要学会与同行人为伍，建立学习共同体，针对感兴趣的课题展开研究，以自我的发展推动教育质量的提升。教师要挖掘潜能，点亮自我的智慧，以专业发展促自我发展，在协同创新的道路上不断发光发热。

二、强师计划下师资队伍专业发展的新路向

当下的社会转型迫使教育生态系统进行全面深刻的转型与更新，而传统的教师专业发展模式和途径也面临着改革与革新。要想提升教师队伍水平，打造和建设高质量师资力量，须从以下方面考虑：激发教师发展内驱动力，想教好学生，必先完善自身；完善教师专业发展线，不仅要扩大专家指导的频次，更要注意将教学困惑与指导规划相结合，从根源上发展；强化教师培训主渠道，提质提效。在教师自我驱动力的作用下，辅之专业指导和教学实践指引，让教师专业发展路线更加充实和见效。

（一）激发教师发展的内驱动力

教师是自身专业发展的主体，教师专业发展的关键在于教师主体性的发挥。教师的思维、情感等内在要素是影响教师教学态度、教学动力的主要原因。教师于外在条件推动下成长难免产生消极被动的心态，对于教师深层次发展是局限的，要推动教师在专业发展中的主体性地位，感受到职业对于个人价值的提升以及情感的陶冶。教师职业面对的是一代又一代的学生，肩负着对未来一代成长规划指引的责任感，因此，首先，教师要意识到教师职业的重要性以及敬畏感，有敬畏感才会产生为教师未来规划的意识。其次，要引发教师的目标追求。每个人的成长都需要对应的目标追求，有了方向才有向前的决心和毅力，有了目标和信念，即便在没有外力条件助推的情况下，教师自身也会努力创造条件发展。再次，加强教学反思。教师只要还有发现教学问题的积极性以及对于解决问题的执着，就

会促使内驱力的发展，教学反思能更加清晰认识教师自身在教学中存在的问题，明晰要改正的方面。最后，激发教师的成就动机，教师也想在日常的活动中得到回馈，领导、学生、学校的激励都会对教师内驱力发展产生很大的影响，成就感是推动教师努力工作，不断挑战自我、超越自我、完善自我的内部力量，也是促进教师专业发展内驱力的原因之一。

（二）"训—教—研"一体化发展

教学指导、教学实践与教学研究相脱离是教师专业成长中常见的现实性问题，教师的发展路线是一体的，对每个教师而言，成长发展的多元化是过程色彩，但实现自我提升是统一目标。针对教师实践过程无法得到专家即时指导、教学理论与教学实践的匹配度低的问题，要完善教师专业发展模式，加强"训—教—研"一体化。"训—教—研"一体化是将教学、培训、科研有机结合，三方面共同推进教师专业发展，资源整合，"以教定研，以研带训，以训促教"，实现教师专业发展的可持续性和实效性。

专家的指导集中在大课堂中，时间短，针对性差，那么教师在国家培训后可建立学区资源中心或校本培训中心，分层、分班培训，将人数减少，根据教师年龄、教学学科等划分，有针对性地进行研讨，有效满足不同教师的学习要求。在小范围的研训中，教师可在协作下将国培知识进行消化迁移，转化为科学的、操作性强的实践方法。在不断地研训下，教师有了监督的同伴，提升了发展的兴致，也在案例研讨、集体备课、磨课、评课等教研活动中，促进了教师之间的交流与进步。另外，一体化的发展模式将教学反思应用成为教师发展进步的重要部分。将教学活动发展的问题进行记录，对问题背后的原因进行自我思考，及时总结培训和研究对教学问题产生的影响，了解自身的发展和进步，对提升教师专业素养有重要的辅助意义。

（三）强化师资队伍培训的主渠道

如何增强实效性是教师培训的关键问题，当前我国教育进入了高质量发展阶段，国家对于教育的关注度加大了，对教育培训的投入增加了，为当前的中小学师资队伍提供了大量的学习机会，但培训规模的扩大也需要将培训质量和效果跟进，这是教师培训的重点。针对教师培训当前的问题，有以下方面需要注意。

第一，提前确定教师的培养目标，在教学内容上采取"缺什么补什么"的方法。教师在培训过程中在三方面进行提升：一是道德品质提升；二是拓展专业领域，提升专业技术水平；三是强化专业技术教育。

第二，不同的教师在教学实践中表现出各自的特点，针对同一训练模式，须从知识、态度、技能等方面进行调整，使培训内容与老师之间的关系更加紧密。教师的个人生活与学习模式是相对固定的，学习技巧也已初步成型，因此，在教学过程中，教师要不断地学习、反思、总结、提升自身的能力。

第三，在培训形式上进行思想上的创新，灵活多样，注重培训资源建设成效，建立高层次师资队伍，改变传统的专家授课形式，引入更多的真实教学案例，使参训教师能够参与其中深入分析案例特点与不足，并将分析结论与个人教学实践相比较，从而更直观地获得反思结论，将培训所得用于实际问题解决，使专业水平得到有效的提升。

第三节　新课标下的课程教学改革

一、新课标下的课程改革

当前，各地要统筹谋划、系统推进《义务教育课程方案和课程标准（2022年版）》落地实施。有计划、有步骤地组织开展培训，多种形式强化课程改革理念和改革总体要求的研修交流，实现校长、教师及教科研人员、教育行政人员全覆盖。加强课程实施管理与指导，制定省级义务教育课程实施办法并报教育部，明确学校课程实施的工作要求。要大力推进教学改革，转变育人方式，切实提高育人质量。加大条件保障力度，保证课程有效实施。

当前，教育复兴必然少不了中国式教育现代化，这蕴含着教育改革的方方面面都需要更符合中国特色和中国实际。为实现以人为中心的发展，基础教育改革着眼于学生核心素养的打造，实施路径之一就是跨学科经历。教育部《义务教育课程方案（2022年版）》指出要"设立跨学科主题学习活动，加强学科间相互关联，带动课程综合化实施，强化实践性要求"，并提出"各门课程用不少于10%的课时设计跨学科主题学习"，进一步在政策层面明确了跨学科课程的重要性。跨学科教育成为深化教育教学改革、推进教与学方式变革、培养学生创造性解决问题能力的重要抓手。在学科过于割裂的课程体系下，运用PBL项目式学习①为学生提供了自主学习的跨学科时间和空间，能有效提升学生面对真实

---

①Project-Based Learning，简称PBL，是一种新型的教学设计理念，它以问题为导向，以小组为单位，以学生为主体，将学生置于真实的学习环境中，培养学生的创新思维是一种有效的、深度学习的教育设计。

问题判断和解决能力。然而在实践中，学校运用项目式学习建设跨学科课程①时不得不面临以下三大问题。

第一，项目式学习是国外理论，教育科研需要为教师做本土化设计。项目式学习是跨学科学习的一种较常用的方法，但与我国一线教师长期教学指导的形式有很大区别。一线老师工作较忙，少有时间思考国外教学方法如何转化为中国式教学方法，若完全按照国外流程生搬硬套，其效果和接受程度都将受到影响，这导致教师在参与课程开发时的意愿较低，学校需要探索课程设计新模式。一线学校做理论研究的能力有限，亟待教育科研人员将常用的国外理论中国化，帮助一线学校和老师设计更合适的理论支撑。

第二，教师跨学科素养有限，教育科研需要为教师提供课程建设样例。教师的学科知识结构单一，跨学科能力有限，一线教师独自探索的课程效率不高，导致学校组织构建的课程品质不高，学校依赖于聘请专家指导或聘请第三方来完成跨学科课程的建构。即便这样可以构建品质高的课程，但在实施时一线教师还是无法理解课程的核心内容，其结果仍然无法落地。学校教师亲自参与设计的跨学科课程才是能有效落地的课程，学校聘请专家指导就是想借助专家的力量寻求跨学科的知识连接点，这不是一两所学校的特色需求，而是广大一线学校的呼声。因此，市域教育科研有必要为教师提供跨学科课程建设的样例。

第三，跨学科课程形式单一，教育科研需研究资源协同新方式。跨学科课程需多方资源协同，仅把资源主体设置在校内的课程实践力不足。建设好的跨学科课程，需要融入本地易接触的各类场馆资源，为学生提供各类生活化的场景模型，这需要一线学校走出教育界与各行各业形成互助，积极吸纳各行各业可用、有用、好用的资源。但一线学校忙于教学，少有跨区域交流，需要教育科研为他们寻找和提供一定范围内的好资源，帮助他们开阔视野，推动跨学科课程的打造和落地。

要想解决上述三个现实问题，需搭建一种简单易操作的框架供一线老师使用、探索一些直接有效的路径激发教师兴趣、创造一些真实情境样例让学生得到实践。项目式学习因具有学习者自主性、学习过程问题性、学习内容真实性和学习形式多样化的特点，为开发效率高、品质好、实践力足的跨学科课程提供了方法。

二、新课标下的教学改革

国民的核心素养决定一个国家的核心竞争力与国际地位。中国学生发展核心素养正式

---

① 跨学科课程是围绕一个共同的主题，打破学科界限，把不同学科不同领域的理论和方法有机地融合，有目的、有计划地设计组织课程内容和教学活动，以提高学生能力、促进学生全面发展为最终目的的一种课程组织方式和课程设计理论。

发布，明确指出学生应具备的能够终身发展和社会发展需要的必备品格和关键能力，分为文化基础、自主发展和社会参与三个方面，其中，文化基础强调能习得人文、科学等各领域的知识和技能；自主发展强调能有效管理自己的学习和生活，认识和发现自我价值；社会参与重在强调处理好自我与社会的关系，成为有理想有担当的人。核心素养的提出使深化教育领域综合改革迫在眉睫，由于中小学课程目标衔接不够，创新和实践涉猎较少，学生在文化基础方面发展较好，但在自主发展和社会参与方面十分薄弱。培养学生的核心素养，尤其是培养学生的自主发展与社会参与就显得特别重要。

从教育领域综合改革开始，我国就在积极进行课程改革，并把合作的学习方式引入课堂。在多年的实践探索下，小组合作已经成为高效课堂教学模式探索中运用最广泛的教学方式。然而，合作学习最大的价值并非提高课堂教学效率，大量实验表明合作学习可以培养学生的自主能力和社会属性。那么，基于合作学习的价值，用小组合作教学法来培养学生核心素养是最合适的。

但在教学实践中，部分教师还在如何运用小组合作进行教学阶段探索，尚没有余力将小组合作运用于学生核心素养的培养：一是因为教育方式从讲授式向小组合作式转变时间尚短，没有良好的理论基础和实践经验，不能从自主管理和社会发展等方面营造适当的合作氛围；二是因为在现行教育质量评价的压力下，学校和教师无法顾及学生的社会性发展；三是因为教学方式发生较大变化后，相当一部分教师还未真正认可小组合作的教学方式，产生倦怠感和无助感，这些问题之所以得不到解决，根源还是教师和学生没有掌握小组合作的心理与技能。如今，基于学生核心素养的评价体系对小组合作教学的实践探索是一个机会，此处以"基于核心素养的小组合作教学心理效应激发策略研究"为例，立足于培养学生核心素养，从教师与学生在小组合作教学过程中的心理效应出发，在小组教学操作层面进行实施指导，深入挖掘小组合作教学的社会价值。

小组合作教学是 20 世纪 70 年代兴起于美国以生生互动为基本特色的课堂教学结构，此处的小组合作教学是指通过组织开展以学生小组为单位的合作性活动来达到课堂教学目标，并促进学生个性与群性的协同发展。

心理效应是某种人物或事物的行为或作用，引起其他人物或事物产生相应变化的因果反应或连锁反应。本课题的心理效应是指社会生活当中较常见的心理现象和规律。

核心素养即中国学生发展核心素养，以科学性、时代性和民族性为基本原则，分为文化基础、自主发展、社会参与三个方面。本课题的核心素养综合表现为人文底蕴、科学精神、学会学习、健康生活、责任担当、实践创新六大素养，具体细化为国家认同等 18 个基本要点。

1. 基于核心素养的小学合作教学心理过程

从教育领域综合改革开始，我国正在积极进行教学改革。小组合作教学是指通过组织开展以学生小组为单位的合作性活动来达到课堂教学目标，并促进学生个性与群性的协同发展，这为学生核心素养的培养提供了关键土壤。根据研究，学生在小组合作学习时的心理过程包含形成小组合作意识、习惯小组合作思维、明确小组合作动机、学习小组合作技能、享受小组合作情绪和情感。

（1）形成小组合作的意识。意识是物质的一种高级有序组织形式，是指生物由其物理感知系统能够感知的特征总和以及相关的感知处理活动。在任何组织被动成立之初，组员对组织都缺乏集体意识，小组合作学习也不例外。形成小组内的合作意识是进行有效小组合作学习的基础。该课题组调研发现，组员形成小组合作意识一般需要 3~4 周；对组长而言，通过帮助组员使自己产生责任感与自豪感来形成合作意识；对组员而言，通过组内成员的相互帮助使其产生集体感，形成合作意识；组长比组员更快进入合作角色，小组中成员越快遇到困难，越容易形成合作意识；有小组标志能更快促进小组意识。教师若想达成有效小组合作，应该注意：①小组成员相对固定，要小组成员全部形成合作意识就需要一个月时间；②尽快在小组内明确分工，加强其责任感，各司其职；③选择合适的小组长，有组织能力，敢于大胆发言、愿意帮助其他学生，成绩优秀；④为小组准备必须合作的难题；⑤让小组成员为小组取名字、定规则。

（2）习惯小组合作的思维。思维是借助语言、表象或动作实现的、对客观事物概括的和间接的认识，是认识的高级形式。它能揭示事物的本质特征和内部联系，并主要表现在概念形成和问题解决的活动中，其过程包括分析与综合、比较、抽象与概括。据课题组调研得出，小组合作意识形成后，小组成员从独立思考转化为合作思维，并习惯这种合作思维，是有效小组合作学习的必经路径。小组在课堂学习时会通过小组讨论获得新知识，遇到困难，能先向小组内主动寻求解答方案，一般由组长组织解决难题。教师若要学生习惯小组合作思维，应该注意：①为小组准备需要分开独立思考再集体整合的题目，如分板块阅读，分角度查找资料，彼此交换信息才能共同解决问题；②培训提问，设置小组交流环节，形成讨论习惯；③培训组长做好合作学习引导，在适当时间召集组员讨论，并认真听完每一位组员的发言；④给予小组意见汇报机会，让一位组员代表本组表达集体意见。

（3）明确小组合作的动机。动机，在心理学上一般被认为涉及行为的发端、方向、强度和持续性。动机是一种内部心理过程，不能直接观察，但是可以通过任务选择、努力程度、活动的坚持性和言语表示等行为进行推断。动机必须有目标，目标引导个体行为的方向，并且提供原动力。动机可以分为内部动机和外部动机，内部动机是指人们对事件本身的兴趣所引起的动机，外部动机是指人们由于外部诱因所引起的动机。课题调研发现，小组合作学习之初，外部奖励机制动机为主，随后，内部动机逐渐超越外部动机。其内部动机从马斯洛的需求层次来讲，小组合作逐渐满足了归属与成长需求，即社交需求，在合作学习中，几人一组，团结在一起，互相帮助；尊重需求，小组内同学相互鼓励，在小团体内得到充分的支持；自我实现的需求，组员相互激发灵感，分工得当各司其职，感受到学习的快乐，努力做好自己的角色。教师在激发学生合作动机时，应注意在小组合作之初，形成有效的计分奖励机制，鼓励合作共同获得相应的物质及精神奖励；待小组合作动机从外部动机趋向内部动机时，教师要减少物质奖励的频率，强化精神奖励，避免发生德西效应。

（4）学习小组合作的技能。技能，是个体通过练习而形成的自动化了的智力或肢体的活动方式，它是后天通过训练形成的，具有某种规则和操作程序，受意识控制。技能水平有高低之别，初级水平的技能只要具有一定的初步知识和一定的练习就可获得，高水平的技能则需要较丰富的知识经验，而且在其活动中的基本动作已达到自动化水平。在小组活动中，学会倾听，学会观察，学会表达与交流意见，是小组合作学习的主要技能与方法。教师需要坚持不懈地引导学生掌握合作学习的方法，并形成必要的合作技能。

学习小组合作的技能主要包括：①倾听技能。在开始合作时，低年级学生具有个人心理优势，不容易接纳别人的意见，为此，教师要逐步要求学生在课堂上学会"听"，眼睛看着对方，认真听不插嘴，心里记住发言要点，认真思辨，提出自己的见解。②表达技能。语言表达是人与人交往的基础，也是自己实际能力的一项重要指标。合作学习需要每个成员清楚地表达自己的想法，互相了解对方的观点。教师重点要对不会表达的学生有意识进行示范指导，而全班汇报展示成果时，让更多学生充分表达自己的见解，整体提高学生的表达技巧。③讨论交流的技能，讨论交流是合作解决问题的关键。每个成员表达了自己的想法后，意见不统一、理解不一致时，这就需要通过讨论、争辩，达成共识，解决问题。教师指导时，按一定的步骤和方法进行，让不同层次的学生逐步学会讨论交流问题的技能。

（5）享受小组合作的情绪和情感。情绪和情感，是人对事物的态度的体验，是人的需要得到满足与否的反映，具有特殊的主观体验、显著的身体、生理变化和外部表情行为。当前，学生们都很喜欢小组合作学习，在合作中感受到快乐，经过一段时间的合作学习，一般在组内都有了好朋友。但学生也不是一开始就喜欢合作的，一般经过两周时间才在合作中感受到快乐情绪。教师需要为小组合作创造更多愉悦的情绪体验。

2. 小组合作教学心理效应激发模式的构建

在运用合作教学的过程中，教师会存在一些困惑：如何分组、小组合作的时间安排、合作教学的内容与方式选择、小组与个人责任的关系、合作与竞争的关系、课堂秩序的维持、奖励的运用、课后作业的布置等，根据研究，提供一线教师解决思路。

（1）分组时的互悦机制。从开展小组合作教学改革开始，教师面临的第一个难题便是分组。关于分组，需要注意的是，合作学习最核心的要素是积极互赖，教师应更多地考虑如何促进学生的积极互赖。既然小组合作教学是以学生为中心，就应在分组上考虑学生的想法，合理运用互悦机制和认知失调效应。

互悦机制是人际吸引律中的"对等性吸引率"，是指喜欢那些喜欢自己的人；而认知失调理论中也有一个类似规律——选择自己喜欢的、喜欢自己选择的。教师们常苦恼于把非常活跃的学生和成绩优秀的学生放在一组，那么可以采取一定的方法，如教师确定组长后的"组长—组员"双向选择机制，只要教师有意识地确定出学习能力好、组织能力强的各组组长，有意识地调整成绩落后、自律不严学生的分组情况，其余的中等生具有较大可塑空间，就不会造成因学习成绩分化过大难以唤醒组间竞争的问题。教师让学生知道他们能成为一组是彼此选择的结果，因为喜欢才选择在一起，即使原本不喜欢，也会因为自己的选择开始喜欢，为小组内的积极互赖奠定良好的基础。

（2）时间安排上的系列位置效应。从传统课堂到合作教学课堂的转变，教师对小组合作的时间也存在疑虑，一方面困惑于是否每节课都必须用到小组合作；另一方面困惑于小组合作时长占课堂的比例。首先，在运用小组合作教学初期，尽量保持每节课都有小组合作的学习任务，既可以促进师生掌握合作的方法要领，也可以让学生养成合作意识；其次，小组合作教学方法很多，当下运用较多的小组成就区分法、小组游戏竞赛法、拼图法、小组辅助教学法和合作统整读写法都保持了学生在教师直接教学下学习的传统做法，学生在小组中的全部任务是理解、联系、复习、巩固教师所教的知识，因此，小组合作的平均时长不超过每节课的1/2。教师可以根据系列位置效应，合理安排小组合作时间，以达到课堂最高效状态。

系列位置效应是指记忆材料在系列位置中所处的位置对记忆效果发生的影响，接近开头和末尾材料的记忆效果好于中间部分。一般而言，大于20分钟的学习时间，大脑对信息的保持率分为开始高效期、低沉期和结尾高效期，把一节40分钟的课分为2个20分钟，则高效期会多出20%，且开始高效期所接收的信息必须是正确的，如果出现错误信息很可能被牢牢记住，这就告诉教师们，小组合作学习尽量不安排在课堂开始的高效期内，学生之间的合作探究或讨论极有可能出现错误信息，一旦被学生牢记，教师在低沉期纠正就为时已晚。反之，课堂开始20分钟后的低沉期则是小组合作最佳时间。一方面，学生已对教师传授的关键信息印象深刻，可加以巩固和升华；另一方面，合作探究把原本进入低沉期的课堂分为两段，重新唤醒学生的注意力，提高课堂效率。

（3）内容与方式上的头脑风暴效应。在进行合作教学的课堂上，教师的教学内容一般掌握较好，但苦于学生不会合作学习——不会发言、不会倾听、不知如何有效交换意见。在传统课堂向合作课堂转变的时候，让学生从习惯"接受"到习惯"表达"必须让他们抛开"被评价"的负担，体验"表达"的成就感。教师在进行教学内容和方式的选择时，应充分考虑头脑风暴效应的运用。

头脑风暴效应，是指很多人聚在一起，在一定时间内进行没有限制的自由联想和讨论，最后从这些讨论中挑选出有利信息的一种集思广益的激发创意的方法。头脑风暴的问题必须是开放性的、有利于发散思维的问题，这就告诉教师们在选择合作教学内容时，着重选择能让学生有足够探索空间的话题。要想头脑风暴效应发挥最大作用，仅靠一个开放性的问题是不够的，还必须做到四点：①头脑风暴结束前不许评价；②说出想到的任何异想天开的想法；③重数量而非质量；④鼓励综合数种见解或在他人见解上进行发挥。教师在合作教学的初期应充分鼓励学生发挥头脑风暴效应，抛开"被即时评价"的精神束缚，让学生无论成绩如何都愿意畅所欲言、用心倾听、在别人的见解上升华自己的观点，这不仅是让学生理解和掌握知识，更能让学生学会合作、学会学习。

（4）小组与个人责任的社会惰化效应。合作教学时，教师在关注小组合作态势的同时对小组内不同学生的表现存在困惑，有的学生呈现个人英雄主义，有的学生表现不作为，这并不是有效小组合作的体现。合作教学有很多模式，教师可以根据教学内容选择合适的模式，但无论哪种模式，都不仅关注小组的整体表现，也关注每个个体为小组所作的贡献和他们各自对学习内容掌握的情况。因此，教师一定要积极关注小组合作学习时各学生的参与程度，避免社会惰化效应的发生。

社会惰化效应，指个人与群体其他成员一起完成某种事情时，或个人活动时有他人在场，往往个人所付出的努力比单独时偏少，不如单干时出力多，个人的活动积极性与效率下降的现象。在小组合作教学中，以小组为单位完成教师布置的任务是基本原则，这在一方面增加了小组成员思维碰撞的机会；另一方面也增加了成员偷懒的概率。教师在宣讲合作学习规则的时候，不能忽视小组成员的个人需求；布置的学习任务应由个人独立完成的部分与小组共同完成的部分组成，且针对个体任务应具有特异性，保证组员之间不能相互替代，只能在个体有困难时相互给予支持和帮助；小组内责任分工明确，各司其职，强化学生的角色意识；由个体独立接受考核与测验，每个组员都有随机被抽选为小组发言人的可能。让学生切实了解到小组的荣辱与自身的努力息息相关，从社会惰化向社会助长效应转变。

（5）合作与竞争中的鲇鱼效应。在进行合作教学的时候，教师也时常困惑于合作与竞争的处理方式。合作教学是课堂多种学习方式中的一种，并非唯一。目前再三强调合作的意义，主要是基于我国教育中竞争意识已经太过深入人心，并不意味着合作是万能的或不需要竞争。在现实教学中，只有以个体化努力为基础，以合作为核心，以适度竞争促发展，学生个体和团体才能获得最大限度的发展。因此，教师在合作教学的时候，应充分整合合作、竞争和个体化三种学习方式，注意能激发竞争的鲇鱼效应。

鲇鱼效应，是指新加入的竞争者参与可以激励整个团队的士气。而鲇鱼效应之所以存在源于新鲜感、陌生感、安全感及危机感。在安排小组合作与竞争的时候，为了积极调动学生的参与热情，可以变换不同的竞争方式，除了团队之间的竞争外，教师可以挑选出适当的"鲇鱼人才"，运用小组游戏竞赛法，学生个体在全班授课完成个体化学习以及小组合作完成知识巩固、补充后分别到竞争组参与竞赛，得分结果根据小组进行叠加核算总分。在这个过程中，学生个体有面对不同对手的新鲜感、临建组别的陌生感、个人成败关乎小组荣辱的危机感，使他们像受到鲇鱼冲击的沙丁鱼一样焕发活力，积极主动参与竞争，为了竞争的最终胜利也会在前期的个人学习和团体合作中努力做到最好。

（6）课堂管理上的"80-15-5"法则。在推广小组合作教学法时，教师最为困扰的问题便是课堂管理：①在教师全班授课阶段，小组内个体常相互影响，尤其每组都存在纪律性不强的学生，在很大程度上干扰他人听课；②在讨论阶段，教师一人无法有效控制所有小组的讨论进展，很可能出现"无效讨论"，这就要求教师在管理教学情景、掌握并指导学生学习、控制教学过程的活动中运用更多的艺术来积极预防课堂问题行为，了解并运用典型课堂上的80-15-5法则。

"80-15-5"法则是由心理学家克文等在大量的课堂观察中发现在典型的课堂中一般有三类学生：80%已经发展起适合的课堂行为，15%会周期性违反规则，5%会长期违反规则。优秀的课堂管理者要控制不让15%的学生对课堂学习环境产生的副作用影响到80%准备学习的学生，同时不要把5%的学生逼上绝境。在小组合作教学中，为了有效的课堂管理，首先，教师应明确课堂纪律，每个小组推选一名纪律小组长，教师与学生一同制定详细的合作学习规则；其次，充分了解学生行为，对15-5名单做到心中有数，并积极关注；再次，教学时详略得当，与学生保持互动，保证80%学生的需求，尽量带动15%学生的求知欲；最后，仔细观察学生，对课堂行为有相应且及时的鼓励或惩罚。对待长期出现不可控制行为问题的5%学生，教师唯有用爱与教育艺术慢慢矫正他们的行为，虽做到心中有数，但切勿给他们贴上"捣蛋"的标签。

（7）奖励运用上的德西效应。新课程改革以来，常要求教师不吝啬表扬。在运用小组合作教学时也无一例外与奖励相结合，奖励的形式多种多样，而学生面对泛滥成灾的奖励时"无动于衷"甚至"消极应对"。教师们开始困惑，究竟怎样运用奖励才科学有效？先不论科学有效，首先应避免反效果——德西效应的发生。

德西效应，就是人们在外在报酬和内在报酬兼得的时候，不但不会增强工作动机，反而会减低工作动机的外加报酬抵消内感报酬的现象。当学生尚没有形成自发内在学习动机时，教师从外界给予激励刺激，以推动学生的学习活动。但是，当学习可以给学生带来内在满足时，奖励会适得其反。一味奖励会使学生把奖励看成学习的目的，导致学习目标的转移，只专注于当前的奖励，一旦奖励强化频率和内容低于他们的预期，容易产生厌学情绪。

科学地运用奖励艺术：①要求教师在设置奖励规则起就从内部动机出发，使学生关注自己的成长；②在新知识、新行为、新习惯初始学习阶段，采用连续、固定的奖励以增加学生内部动机；③在学生的学习或行为达到一定程度，延长并变化奖励间隔时间，让学生找不到规律，促进学生从关注奖励到关注自身发展；④适当制造奖励规则外的特殊奖励惊喜，鼓励进步最大的学生。特别值得注意的是，在小组合作教学中，由于涉及组内合作与组间竞争，其奖励规则的变动应一视同仁，教师可与各组联合拿出新的奖励方案，甚至可以将"奖励决策参与权"作为一种奖励规则外的特殊奖励，鼓励学生参与课堂管理。

（8）课后作业布置的空白效应。在教育部颁布各项限定中小学生课后作业的时间后，教师在考虑布置作业时更需要讲究效率。如果教学方式发生了变化，作业方式还是一成不变的话，难免配合力度不够。作业不仅要起到检查和巩固已学知识的作用，更要能激发学生的好奇心、求知欲，在小组合作教学中，还需要充分考虑到独立完成与合作交流两部分的内容，这对教师而言，无疑是一个挑战。在布置课后作业的时候，教师应避免超限效应，讲究空白效应。

空白效应最早源于书法绘画上的一种手法，整幅画中留下空白，给人以想象的余地，这种手法是一种巧妙的艺术表达，更是一种智慧。学生的精力是有限的，当他接受任务、信息、刺激时，存在一个主观容量，超过这个值，便会出现认知超载。因此，教师必须注意的是：①在布置作业任务、讨论任务时都要保证时间和内容不超标，让学生的大脑有"空白"去思考、消化、回味、探索、迁移，避免因超限导致的反感或因疲劳导致的无效；②在布置作业任务时，充分考虑足以激发学生探索欲望的有"空白"空间的内容，使学生在巩固知识的同时，有兴趣自发学习相关的拓展内容；③在布置作业时，给不同能力段的学生准备不同层次的内容，让每个成员都有属于自己的可进步"空白"空间；④不定期选择有探索难度的话题，给学生一定的"空白"时间，在一个不紧迫的时段内合作交流，共同努力，以小组为单位完成作业。

三、新课标下的课程教学改革内容

（一）新课标下的小学语文教学改革

1. 新课标下语文教学改革的认知

（1）新课标下的小学语文课教育出发点。新课标下，小学语文教育越来越显示出它的特色：①和传统教育一样，增加了"人生情感、态度、价值观"等维度，开阔了学生的眼界；②新课标又强化了对学生能力的要求，需要学生增强对信息技术、人际关系等的理解；③更注重了纵向结构和横向结构之间的整合。在这里，纵向指基础知识与学习能力、过程与方式、人生情感态度与价值观这三层次，而横向即识字与书写、阅读、作文、口语交际、综合性练习这五大方面。

（2）新课标下的小学语文教学总目标。随着新课标改革的不断深入，需要教师在课堂教学中突出学生的主体地位，并努力做到让学生独立、客观地爱上语文，同样需要学生做到能够自我发现问题，从而解决问题。另外，新课标下的语文课程将更多地凸显出现代社会对学习能力的新需求，包括口语交际、创新思考等。最关键的是，突出了语言实验在语文课程中的重要意义，需要学生做到大量实践练习，从而提高自身的创新能力，以期尽快适应新课标下的语文教学模式。

2. 新课标下语文教学改革的措施

（1）创新教育方式。小学语文教师要意识到语文革新，在较大意义上体现在教学手段的革新，因为传统的教学手段可以影响学生的积极性，从而干扰学生的健康成长。唯有通过革新教学方法，才能够切实推动小学语文教学的发展。对于革新教学方法，教师一定要从实践上入手，要能够着眼于学生需求，根据课程本体，按照课程原理开展教学方法的革新。教师要能够充分认识到在小学语文教学中实行合作教学模式、研究型教学模式有利于增强学生的自主性能力和对凸显学生主动学习能力的认识，要能够着眼于学生能力提升开展教学方法的革新。教师一定要意识到革新的课堂是有吸引力的课堂，是充满生机的课堂。教师必须能够主动掌握先进教学手段，能够将先进的教学手段融入班级的教学活动之中，并且能够创设良好的班级探究性教学环境，引导学生自由探索地开展知识的学习过程。唯有如此，才能够保证语文教学的有效性，保证学生在学习基础知识的同时，各项素质与技能都可以获得提高。

例如，在识字课程上，许多学生会觉得一味地进行识字练习十分乏味，如果教师能够让学生间互相监督，采用比赛形式，比哪位学生在单位时间内的识字总量最多，学生的识字练习主动性就能够获得明显的提高。

（2）学校要树立正确的教育观。语文课程的核心素养是语文课程和学生未来发展的重要沟通桥梁，因此教师需要准确掌握并了解语文核心素养的特点，并建立正确的教育观才能帮助学生健康成长。首先，学校必须认真学习全新的教育理念以及全新的教学模式，并围绕学生的成长发展来提出合理的语文学习要求和教学内容。其次，开展围绕提高学生语文核心素养的校本课程，在教材的编写以及执行过程中，都应该充分考虑学生的体验，使学生可以在轻松愉悦的教学氛围中开展语文学习，关注学生的个性发挥以及着力于提高学生的语言实际运用能力，进而充分调动学生学习语文的积极性以及创造力。

（3）应用多媒体技术，实现课堂教学多元化。在小学语文教学中，教师要改变以往单调乏味的教学模式，采用灵活多样的教学方法，培养学生的学习兴趣。在这一过程中，随着教育技术的飞速发展，教师在教学中更多地使用多媒体技术，通过多媒体技术，使学生能够从抽象到具体，从复杂到简单，通过图文并茂的方式吸引学生的注意力，在课堂上形成一个很好的学习氛围。小学语文教学中，语言之美无处不在，若仅凭教师的口述，学生只能从文章中体会到自己的情绪，而运用多媒体的方式，则能通过图片、录像等手段，充分展现文字的美感，表达出作品所要表达的感情，为以后的阅读提供有益的参考，同时也能引导学生树立正确的价值观。

（4）小组合作的形式提高学生的自主探究能力。在中国的传统教育中，教师往往会通过口头和书面的形式来讲解，但是这样的教学方式并不能激发学生们的积极性，如果让他们只知道被动地将知识灌输到脑海中，很可能会让学生陷入机械的应试之中。所以，教师在课堂模式创设过程中，就必须考虑周全，根据学生的实际状况营造轻松愉快的课堂学习气氛，因为只有学生在上课的教学过程中积极主动地完成对知识点的研究，才能够切实地进行自身能力的提高。而分组合作的形式则可以使每个学生发挥在课堂教学中的积极性，与其他学生共同完成对知识点的研究。充分发挥学生在课堂中的主体功能，教师要转变传统的教学理念，把教学的时间交给学生，让学生在教材教学中开展自身的学习，从而实现学习效果的提高。

（5）转换课堂角色。在传统的教学模式中，教师主要为学生解释和分析课程内容，学生在教师的指导下思考，这种教学方法相对简单，需要在原有教学方法的基础上进行积极改革。小学语文教师可以改变教师和学生在课堂上的角色，课堂提问，让学生思考答案，然后让作为"小教师"的学生分析相关内容。在整个课堂教学的过程中，主要目标是通过语文教师引领学生正确地思考解决问题的方向，使得学生能够有意识、有目标的进行学习，全面地提高课堂的教学效果和培养学生的综合核心能力。语文课程教学对学生文学知识的积累和人文修养有着重要的作用。在实际的学习中，小学生需要随时地在教师的帮助下学习到更多的新知识，不断地实践新的思维，而教师则可以根据小学生的具体应用课程要求和所需要的学习特征，注重教学改革。

小学语文课程的教学中，教师为了培养和提高学生的综合核心能力和素养，可以通过在课堂教学中向每个学生提出一些问题，让他们用"课堂小主人"的身份对一系列的问题展开探讨和分析。此外，教师还可以组织全体学生在进行语言教育讨论的过程中交换自己的观念，使得语言课堂气氛更加热烈和活跃，同时使学生的语言学习更加积极和主动。

（6）加强教师培训，提高教师的教学素养。小学生正处在认知能力和性格形成的关键时期，学生对外界的认识大多是模仿，而教师担任语文教育的引导者，他们的一举一动对学生形成了很大影响。教师的综合素质和教育技术对于提高小学语文课堂教学的品质，以及实现小学语文教育的有效性都起着关键作用。只是现阶段语文教师的教育能力和综合素质还没有满足新课标教学的改革需要，还是受到传统的填鸭式课堂思维的影响，教育手法简单、死板，很难调动小学生的学习兴趣，因而使教学效益受到影响。所以为满足新课标教学理念上的要求，需要进一步做好师资入校培养与职后教学，从严把控教师的入校资格，提高小学教师的综合素质，并帮助小学教师进一步完善其教育理想。在此过程中要从实际情景入手，根据学生的学习特征以及对知识点的吸收能力，有针对性地帮助教师们培养全新的教育理念，并进一步探讨新教学模式，以提高学生的课堂主体地位，并重视教师与学生之间的合作互动。同时教师之间也要做好相互的学习研究，掌握优秀教师的先进教学模式，融会贯通将之巧妙运用于自身的课堂之中，进而形成自己的教学风格。

总而言之，小学语文是中国的一项基本课程，具有很强的内涵和广度。从人文的观点来看，要提高学生的人文素质，培养学生的道德素质，就要切实学好语文。在新课标全面推行的大背景下，小学语文创新教育的发展必然会更加辉煌。

（二）新课标下的小学数学教学改革

当前，中国教育根据各个领域的发展趋势提出了具体的发展计划，基础教育事业已成为中国社会发展的主要部分，国家也根据现阶段学校教育发展的实际要求，实施了新课程改革，目的就是加快基础教育事业发展步伐，适应当前经济社会发展的水平。下面以小学数学为例阐述新课标下的数学教学改革措施。

1. 创设多种学习情境，培育创新思维

针对传统小学数学教学中学生缺乏创新性思维的问题和不足，广大教师可以通过创设多种学习情境的方式，从而培育学生的创新思维。广大教师可以针对学生自身的身心发展特点，结合相应的教学知识，在课堂教学环节当中增设情景教学模式，通过与学生进行谈

话或以学生所感兴趣的内容作为导入课堂的开始部分，为学生营造温馨且轻松的学习氛围。另外，广大教师可以针对学生所面临的困难和问题进行系统性的总结和整理，帮助学生从根本上解决问题，并获得正确且科学的学习方法。

为了激发学生对学习数学知识的兴趣和积极性，教师可以与学生进行良好的师生互动，利用平时的课余时间，与学生进行温馨的谈话和交流，以朋友的身份侧面了解学生在学习当中所遇到的问题，并且通过与学生探讨如何完善数学课堂的方式，吸收学生的建议从而运用到教学改革的工作当中，进一步提升小学数学教学的水平和质量。

2. 改善数学教学模式，实现多元教学

针对在传统小学数学教学当中教师教学模式较为单一的问题，数学教师应及时完善自身的教学模式，从而实现多元化教学。建议教师运用相应的多媒体技术和先进设备，结合教学内容向学生传递数学知识，例如，在关于长方体与正方体体积知识内容的教学上，教师可以运用相关的多媒体设备，配以图片、文字以及视频等内容，通过制作 PPT 课件的方式，在课堂当中向学生展示和传递相关知识内容，从而激发学生的学习兴趣和积极性。并且要注意的是在向学生讲解长方体与正方体体积公式的过程当中，应当尊重学生自身的自主发展主体地位，帮助学生从理解长方体与正方体体积公式由来，过渡到充分吸收和掌握体积公式的运用，帮助学生更好地解决数学问题，从而提升自身的数学学习能力。

3. 健全数学教学机制，优化教学流程

针对传统小学数学教学当中相关教学机制不够完善的问题和不足之处，教师需要及时健全教学机制和流程，改变原有的为了应对应试考试的教学机制，将发展学生的发散性、数学思维以及创新能力作为教学的宗旨。在平时的课堂教学过程当中，教师应更加关注学生吸收数学知识和理解相关数学知识内容的程度，了解学生在学习数学的过程当中所遇到的问题和困难，在一定程度上为学生创设丰富有趣的学习情境，激发学生数学学习的兴趣以及积极性的同时，为学生提供更加科学且合理的数学学习方法。另外，也要健全相关的考核机制，不仅仅靠传统的闭卷理论考试方式，还建议通过开展数学知识分享交流会的方式，让学生能够畅所欲言，发表自身对于某个数学知识的看法，在帮助学生更好地提升自身的口语表达能力的同时，也潜移默化地提高了学生的数学学习能力。

4. 开展特色数学活动，丰富学习经验

为了全面发展学生的数学能力和综合素质，教师可以通过开展特色数学活动的方式，从而丰富学生的学习经验。在新课标的背景下，要求广大教师不应当仅仅局限于传统的课堂教学模式当中，还要让学生能够走出课堂，多参加特色的学习活动，在活动当中学生之间取长补短，互促互进，从而通过活动能够了解自身存在的其他问题和不足，并且能够积

极改正。另外，教师在开展数学活动的过程当中，应当细心观察学生在活动当中的表现，记录学生在活动当中的表现情况和问题，在活动结束后与学生进行交谈，并且提供相应的科学指导，让学生能够更加全面地了解自身存在的不足，从而能够及时改正。

5. 构建小组合作学习，培育学习能力

为了更好地全面发展学生的学习能力和素养，建议教师通过建立小组合作学习的机制，从而培育学生的合作学习能力。在小学数学教学的过程当中，由于数学知识较为困难且复杂，大部分学生无法做到第一时间全面吸收和理解。因此，除了要帮助学生提升自学学习能力之外，也要为学生建立起积极的小组合作学习氛围，可以由学生自行选举，推荐优秀的学生代表作为小组组长，由小组组长负责全体组员的学习任务分配和情况记录工作，并要求小组组长定期向教师汇报小组成员的学习成果以及近况，教师要总结并且整理每个小组学生的学习情况和所遇问题，集中统一时间为学生答疑解惑。并且可以通过开展小组竞赛活动的方式，激发学生的团队合作精神和数学学习的兴趣以及积极性，在一定程度上为学生创设积极学习氛围，也在一定程度上促进了学生数学能力的提升，保障了数学教师教学进程能够顺利开展。

第四节　双减政策下的课后服务

一、双减政策下课后服务的保障体系

（一）双减政策下课后服务保障体系的价值

义务教育阶段的课后服务保障体系主要是围绕义务教育阶段课后服务"谁来保障""如何保障"及"保障效果如何"等元问题而衍生的一系列体系建设问题，内在包括"课后服务主体保障、服务对象保障、服务内容保障、服务时间保障、服务地点与形式保障等复合性要素体系"。当前义务教育阶段的课后服务保障体系在微观上是与义务教育"双减"政策持续落地紧密相连的服务延伸，在宏观上则是深嵌于我国现代化教育强国发展进程和新时代义务教育高质量体系建构之中，对其战略价值的多维度把握，有助于全方位地推动课后服务保障朝着预期目标持续发展。

1. 促进教育的内涵式发展

义务教育的内涵式发展有着特殊的时代背景与现实诉求。一方面，伴随着我国经济改

革步入深水区和高等教育强国战略的提出，对整个义务教育如何提升学生成长发展和推动国家经济社会转型有着更高的要求；另一方面，随着我国社会主要矛盾的转换，人民对于高质量的义务教育有着更多期待，希望通过更具公平性与质量化的义务教育体系促进人民对美好生活的追求。就当前我国义务教育内涵式发展所面临的突出问题来看，虽然整个宏观性的教育政策系统就义务教育阶段的育人内容更新、育人方式创新、育人理念完善及育人效果考核等进行大量政策供给与调适，但是由于整个社会处于复杂转型期，使得当下义务教育表现出了高度碎片化且纷繁性的特点，此时若仅从政策规划端完善入手，则难以破解规模状态下的各式各样问题。为此，需要在充分考量我国区域结构与社会发展水平差异的事实下，以一种反向助推的保障方式提升义务教育各类政策落实的针对性和有效性。

特别是从当前"双减"政策落实情况来看，虽然整体推进取得了重大进展，各地也在契合区域发展基础上创新性地探索出了作业减负提质"组合拳"、共建课后服务实践共同体、多元课后服务活动课程体系等典型做法，但是调查发现，仍有部分地方存在着资源保障不足、监管乏力、执行错位等问题，严重影响了我国双减政策的有效落实。因此，从某种层面上而言，高质量的课后服务保障体系能够以一种资源支撑和服务保障的方式强化育人政策落实的有效性，为我国义务教育的内涵式发展提供服务动能。

2. 促进教育良好生态建构

双减政策的提出和深化是对当前我国义务教育阶段出现的学生作业负担过重、家长育儿情绪焦虑、学生身心发展错位、育人主体缺位及育人导向偏差等问题的有力回应，说明了构建积极向上的义务教育生态已进入了非常关键的攻坚期。但是，当前义务教育生态体系所面临的问题不但存在态势上的复杂性和严峻性，而且在结构上表现出原因的深层性和要素的多关联性。例如，《2022年中国儿童健康成长白皮书》调查显示，我国义务教育阶段儿童在"书桌场景下进行的主要活动"中作业学习占比高达63.6%，而素质培养和其他活动则分别占26.3%、10.1%，反映了义务教育阶段的学生承受了较高的学习任务压力，影响了学生的身心健康，进而影响了我国义务教育良好生态体系的构建。为此，亟须以一种教育生态圈的新思路打破原有教育生态格局的非良性发展状态，为学生健康成长和快乐学习营造和谐温馨的氛围。

课后服务保障体系的重要功能之一，恰在于能够扭转当下较为短视且片面的育人观，它以服务保障的方式就学生课后内容、课后空间、课后规划等进行了科学规划与厘定，能够促使相关育人主体围绕着教育本真、至善的目标，自觉主动地提升课后服务质量，营造良好教育生态。

3. 促进教育公共性的回归

公共性作为教育的基本属性和基础意涵，核心问题之一在于如何通过育人公正性价值的维护贯彻与保障强化，使得教育机会、资源、条件、利益等分配能够符合某些"应得"原则并在不同的群体之间实现某种"相称"关系，我国义务教育的公共性价值具有一般教育属性与制度特色属性的双重面向。一方面，义务教育是一种公共性产品，作为面向全体公民提供的公共性服务，要求在教育机会享有、教育话语表达及教育结果均等方面的关涉上，体现出公益、开放和共享等正义观；另一方面，"培养什么人、怎样培养人、为谁培养人"作为我国教育体系改革的根本性方向，要求在义务教育发展上始终贯彻好人民满意的教育理念与宗旨，彰显义务教育对学生身心全面发展的促进作用和对国家建设者和接班人的有效培养目标。国家通过相关课后服务保障体系的建设，可以重新确立国家在整个教育资源配置体系中的主导地位和引领作用，并借由国家宏观教育政策的调控，有目的地降低市场负外部性对义务教育的价值扭曲和方向干扰，以凸显学校在学科教学改革和素质育人中的主阵地作用，及教师在学生身心发展和全面成长成才中的主力军地位。因为其提供了更加个性化、差异化及亲和力的学习机会选择，将直接降低那些以市场化为导向且具有明显功利性的学习内容产品的市场吸引力，一定程度上可以破解校外参与培训所带来的一系列教育内卷化问题。

（二）双减政策下课后服务保障体系的制度

造成当前义务教育阶段课后服务保障体系建设所面临的多重困境的一个很重要的原因，在于双减政策在执行中不同利益主体间没有一个较为细化且约束力的结构规则体系进行正向引导。为此，要以制度构建作为着力点，将不同的课后服务主体纳入一个制度化的框架内，为其行动的选择构建起一套较为明确且科学的参照。

第一，以制度治权有力促进课后服务保障建设主体的权责互构。首先，相关部门在课后服务保障体系中具有主导性作用，应自觉担负起在课后服务保障体系中的统筹部署、宣传引领、督导监管及空间赋能等"元治理"作用。相关部门应主动结合地情、校情、师情、学情、家情、市情等差异，为其他社会力量参与到全过程的课后服务建设上提供便利条件，切实保证权为民所用、权为民所系，让所有育人共同体致力于提供类型多样、内涵充实、知行合一的高质量课后服务发展。学校要为课堂和课后、校内和校外两个时空中如何衔接好"双减"政策的落实做好各种保障措施。例如，学校可以通过志愿服务、专家外聘、服务外包等多种形式，弥合由于师资不足而产生的课后服务质量不高问题，条件允许的情况下可以通过"双岗轮调"的方式，整合学校专任教师与行政人员的育人优势，帮助教师纾解课堂教学和课后服务的双重压力，促进两者之间的良性互动。

同时，学校应积极通过培训学习、研讨活动、实践观摩等形式，提升教师开展课后服务相关内容的专业化素养。对于那些将课后服务纳入教师工作量的情况，一定要在年终考核、绩效福利、职称晋升等方面予以体现，切实保障教师的基本权益，激发教师在课后服务中的自主性。此外，要善于借助班会、家长会等平台将课后服务保障中的家长角色、职责内容、特殊情况处理等进行讲解说明，提升家长对学校课后服务的支持力度。

第二，以制度细化准确厘定课后服务保障内容的适配环境。课后服务的提质增效过程是一个提升课后服务内容与学生成长成才环境、社会经济发展环境、教育环境等匹配程度的过程。为此，作为课后服务的主管部门，一定要按照德、智、体、美、劳全面发展的要求，将其以课程、活动、实践等方式予以细化，以潜移默化的形式将中国特色的育人理念和育人目标融入课后服务中，让学生产生获得感和幸福感。同时，对于区域性的课后服务内容推广情况一定要多总结多研讨，可以通过组织专家研讨、调查走访等形式，提升课后服务内容反馈的真实性和全面性。对于那些条件允许的地方，相关部门可以通过制度性的原则指导和方案细化的方式，鼓励各个学校根据区域文化特色和地域风情开展不同形式的课后服务内容创新，提升课后服务与当地发展的契合性。

第三，以制度统筹全面激活课后服务保障经费的配置效率。从课后服务保障经费供给模式的国外经验来看，主要有多主体供给模式、相关部门主导而家庭合理分担课后服务经费供给模式、相关部门和家长共同承担供给模式，前述三种模式是对课后服务基本属性的延伸和结合国家经济社会发展水平的创新性实践，为如何优化我国课后服务保障经费的配置模式提供了重要思路。但通过细致分析可以发现，课后服务保障经费的模式选择应立足于国家教育的基本定位、区域的财政基本状况及课后服务对象的情况综合考虑，为此，需要制度发挥好统筹性功能，鼓励各地在根植于地区发展实际的情况下，进行课后服务保障经费模式的创新，为课后服务质量的提升提供充足且有效的经费配置保障。

一方面，在整个财政倾斜上应继续加大课后服务的经费支持比例，对各级政府如何使用课后服务经费进行有效监管，且将其纳入部门年终考核之中，以此激发各级教育部门自觉提高课后服务经费的使用效率。同时，对于那些条件比较特殊的地区和学生，应有意识地加大课后服务财政补贴，在考核指标上予以弹性化考量，避免因为课后服务经费不足而产生的课后服务水平低质化和粗放化情况。另一方面，在坚持课后服务非营利性原则的前提下，可以通过对地区课后服务经费来源、定价方式、分担比例、资源支撑渠道、课后服务质量评估方式等方面的调研，允许不同地方根据情况发挥各主体在经费配置模式创新中的补充作用，鼓励其根据学生特点创新经费管理使用办法，政府则主要从经费比例及经费使用透明性上予以监管。

第四，以制度倒逼强化课后服务保障结果的导向效用。所谓制度倒逼，就是以制度化形式对责任落实、问题解决、目标实现形成强有力约束，引导改革方向，规范改革措施，推动改革不断深化。对于课后服务保障体系建设来说，以制度倒逼形式进行引导既是压力也是动力，因为它能够从结果导向上提高不同课后服务主体对制度所强调内容的关注度，促使考核对象从制度的宏观战略层面审视课后服务中所呈现的问题。同时，由于制度性的内容要求更多是一种宏观且抽象的规定，这将直接有利于地方各主体依据制度要求进行因地制宜的创新探索，为课后服务的不断升级提供一种内生动力。因此，在制度供给上应加大高质量的课后服务保障标准建设。

一方面，可以建立以政府、学校、社会承接机构、学生家庭四个利益主体为主的课后服务绩效评价体系，就课后服务的规模、类型、成本、质量、及时性、公众满意度等一系列过程性和结果性关键点进行考察，以此获取较为准确且全面的课后服务保障结果，将其作为不同课后服务主体行动优化的重要参照指标。另一方面，可以探索不同形式的课后服务保障结果评价方式。既可以通过利用不同课后服务主体间信息相对对称的情况，开展不同主体之间的自评与他评相结合的课后服务测评，也可以充分利用第三方所具有的独立性、专业性优势，积极引入第三方开展课后服务评价，快速精准地发现课后服务保障中所存在的问题，为未来课后服务的科学规划与重点发展提供借鉴

二、双减政策下课后服务的多元协同机制

当前，双减政策下，义务教育课后服务亟须构建多元协同的保障机制，才能提供更加合理有序的服务。义务教育课后服务多元协同保障机制构建具体如下。

（一）政府主导机制

政府主导机制，主要是促进课后服务资源及治理制度的"生态化配置"。教育生态系统自我调节功能表现在教育发展需求、资源配置等方面的生态化配置，表现为政策自上而下实施过程中因地制宜解决实际问题的能力。双减政策为开展课后服务提供了宏观层面政策指引，为各地政府制定相关配套治理制度提供了政策空间。地方政府主导课后服务教育资源、经费、技术、制度等方面的"生态化配置"，为课后服务营造良好教育生态环境。

第一，加强政府对双减工作的领导。各级地方政府、教育行政部门、妇女联合会统筹协调社会资源，因地制宜地制定系列配套治理制度。

第二，探索构建"财政补贴+拓展服务收费"相结合的经费保障机制。通过增加地方财政补贴、服务性收费或代收费等方式，确保经费落实到位。

第三，完善课后服务教师激励机制。统筹核定义务教育教师编制，加大参与课后服务教师和相关人员专项补助的激励和保障。

第四，探索课后服务优质教育资源跨区供给机制。各地根据实际合理界定课后服务财政补贴经费、基本设施、教师配置等标准，鼓励优秀教师常态化跨校流动，共享课后服务

教学资源、教科研成果。

（二）学校主体机制

学校主体机制，主要是确保学校课后服务主阵地的"质量效益"最大化。中小学校为主体的校内课后服务首先要具备基本服务质量保障，最大程度上促进"质量效益"最大化。

第一，深化中小学课堂教学改革。全国各大城市纷纷颁布一系列"减负提质"文件，主要集中在课堂教学、作业管理、师资培训等方面。

第二，保障课后服务师资、场地、设施等基本条件。中小学校要结合本校现实条件，开展校内课后服务全面覆盖，切实保障课后服务时间。

第三，开设社团活动等丰富多彩的拓展性课后服务，包括舞蹈、艺术设计、美术、羽毛球、篮球、乒乓球、游泳、机器人、编程、3D设计等形式多样的活动。

第四，建立课后服务资源及管理平台。推动信息技术与教育教学深度融合，将课后服务和学生成长档案等融入其中，为学生提供更加精准化、个性化的课后服务。

（三）家庭参与机制

家庭参与课后服务体现在家长理性地看待孩子成长预期，凝聚教育共识，营造浓厚学习氛围，注重培养孩子健全人格和健康体魄。

第一，转变家长传统育儿观念。当前，课后服务可以建立家庭参与的有效机制，引导家长树立正确的育儿观、教育观、人才观。

第二，建立家庭参与教育机制。加强校内校外相结合，制订家校联动教育方案，以家委会、家长学校为载体，打造家庭、学校和社会有效衔接促进的家庭教育指导服务网络。

第三，建立家庭教育辅导站。配备家庭教育指导专（兼）职队伍，为学生课后参与社会实践、社团活动提供帮助。

（四）校外补充机制

校外补充机制，即加强公平而有质量的校外课后服务的"生态化补偿"。双减政策明确义务教育学校必须开展课后服务，一方面，学校开展课后服务面临师资、场地、设施等硬件条件不足的挑战；另一方面，部分学校难以满足学有余力的学生对于科技类、文艺类、体育类等多元化非学科课后服务的拓展性需求。近年来，各地中小学校尝试打开学校的边界，引进校外教育资源，让学校课后服务供给更加丰富、优质，更具可选择性，不失为一种对课后服务生态进行"补偿"的有效举措。

第一，整合促进校外资源供给。鼓励和引导校外培训机构开发更加丰富优质的非学科类教育教学资源。例如，学校行政部门可以组织中小学校、家委会代表，参与遴选引进第三方优质非学科类课后服务，开设艺术类、科技类、运动类、社会能力类、综合素养类等丰富的课后服务。

第二，增加第三方线上学习服务供给。探索购买第三方优质在线课程资源，为教师备课和学生个性化学习提供高质量服务，为师生在线开放式研讨交流创造便利条件。

第三，健全校外培训机构监管机制。严格监管校外培训机构课后服务和干扰学校教学秩序行为，引导校外培训机构通过正常竞争或者遴选等程序参与中小学校课后服务，营造良好的校外课后服务生态。

（五）社会联动机制

社会联动机制在于强化社会各界组织紧密联动的"配套化治理"。双减政策明确支持家校社协同，强化社会各界组织联动的"配套化治理"，提升课后服务支持保障能力。

第一，扩大社会资源供给机制。探索公益性社会组织课后服务供给，利用公共图书馆、流动图书馆、纪念馆等公共文化服务阵地，以及青少年宫、青少年活动中心、博物馆、文化馆等校外文化场馆，保障课后服务所需的仪器设施、运动场馆、体育设施等。

第二，鼓励开展课后服务志愿活动。广泛发动社会各界志愿者参与课后服务活动，统筹校外实践活动课程，鼓励开展学生研学实践。建立健全校内外相结合的义务教育课后服务专兼职师资队伍。

第三，发挥校外行业协会作用。发挥协会在行业内的引领带头作用，构建形成社会组织联动机制。

第四，鼓励形式多样的社会捐赠。鼓励"货币捐赠+物品捐赠"相结合的社会捐赠，为课后服务开展提供更加丰富的教学条件支持。倡议设立义务教育课后服务"公益基金"，为课后服务筹集充足的支持经费。

三、双减政策下课后服务的创新策略

（一）加强课后服务工作的监管力度

在双减背景下有效落实课后服务课程的建设，需要加强相关部门对课后服务开展的监管力度。例如，从政府的角度出发，它需要充分发挥自己在其中的干预作用，提高对教育资源的资金投入与政策支持，并且加强对校内一线教师的培训力度，为校方开展相关工作提供强有力的基础保障。从教育部门的角度出发，它需要在其中明确课后服务活动开展的意义，并且能够制定科学全面的教学评价标准，让学生能够在课后服务中真正获得成长，也能够让教师在课后服务中能够明确教学标准，以更高的要求来规范自己，最大限度地提高课后服务的教学质量。

（二）提高教师教学水平与职业素养

双减政策下所推行的课后服务活动，是需要教师在"减负提质"的教学目标下，来对学生进行教学指导的，因此，这就需要教师转变传统"应试"理念下的教学思路，不断革新自己的教学水平以及职业素养，从而打造出一支更为专业的师资队伍。首先，教师要让每一位学生家长放心，能够多倾听家长的诉求，不断提高自己的服务质量，进而不断提高本校的公信力。其次，要秉承着对每位学生负责的教学原则，在开展教学活动时不应付了事，要组织多元形式的教学活动，让学生在提高自己学习成绩的前提下，享受校园生活，从而获得健康成长。另外，在课后服务保障上，校方要对教师进行专业培训，让他们能够充分意识到课后服务对学生的重要意义，因此不断规范自己的管理手段。最后，在教学管理上，校方可以通过制定相关的管理条例以及管理制度，从而让教师能够在工作的过程中有章可循，有规可依。

（三）优化教学资源配置与服务质量

双减背景下开展课后服务活动，需要在实现教学目标的基础上，不断优化教学过程，使得学生在课后服务中，不仅仅将活动内容局限于刻板的做题或背诵之中，而是能够利用有限的教学实践，收获无限的成长与进步。双减政策下，国家对学校实现"三管三提"的原则，其中就包含了要提高课后服务水平，因此在开展课后服务活动时，管理者也要明确双减政策的目的与意义，不要为了做"减法"就忘了做"加法"，而是应当将现有的教学资源进行合理配置，从多方面做好课后服务的统筹工作。例如，校方要优化课后服务的教学范围，如放学后的教学活动不但要包含作业辅导以及书写辅导，同时也应当在其中穿插着一些多元的兴趣爱好辅导班或是体育训练等实践活动，从而让学生可以进行自主选择。并且，在"5+2"政策的推行下，教师也要合理安排课后服务的活动时间，切勿将全部时间用于学生的作业辅导上或是教学讲解上，坚持落实"以学生为本"的基本活动原则，让学生可以自主选择活动内容。其间，教师可以进行适当的引导以及监督和管理，让学生能够在课后的学校活动中更加高效。

（四）完善学校课后服务的评价机制

区别于正常的校内教学，课后服务活动开展的随意性和自主性较强，因此应当更加完善现有的课后服务评价机制，从而在双减的背景下不断提升教学活动质量，帮助学生树立起学习自信心。

　　首先，对于管理部门而言，应当确保课后服务能够有序开展，因此在制度的颁布与制定上，要立足于不同地区、不同校区的实际情况来进行科学制定，确保活动的可落地性。其次，对于校方领导而言，要及时关注一线教师在开展活动的过程中所遇到的教学困难与问题，最大限度地帮助教师共同将其解决，并且也能够通过建设有效的教师评价体系，对表现优秀的教师提出鼓励与表扬，对于一些存在问题的教师也要及时地予以指点与批评，实现教师群体的整体进步。最后，对于教师而言，在开展课后服务活动时，也要充分尊重学生的个体差异，如在进行课后作业的指导时，要将不同年级的学生群体做到有效划分，确保低年级的学生不会因过难的知识点增加自己的学习压力以及心理负担，也不会使高年级的同学因学习一些早已掌握过的基础知识而浪费自己的学习时间。在一些实践活动上，教师要根据学生的不同体能素质以及实际情况来对学生进行层次划分，让一些身体素质较弱的同学能够在活动中感受到快乐，从而愿意积极主动地参与其中，同时也能够让一些体能素质较强的同学得到有效的提升与锻炼，不断突破自我，实现个人的综合进步。当然，在对学生进行评价时，教师也应当多以鼓励支持为主，让学生能够在学习中拾获自信，从而达成"双减"背景下课后服务活动的开展意义。

第五章 学校教师共同体治理研究

第一节 教师共同体理论与实践演进

教师共同体的思想渊源来自社会学，它是社会学领域中的共同体理论对学校教育改革产生影响的力证。教师共同体在现实的教育改革与发展中不断涌现，促进了教师专业发展，为教师之间的合作和教师的自主发展，以及学校的进一步发展提供了契机。在我国中小学的实践中，教师共同体具有各种不同的名称和活动形式，要想更好地促进其健康、和谐发展，就必须把握其本质特点和实践情况，而要做到这一点，就必须从社会学的共同体理论中获得洞见。

一、教师参与学校治理的历程

（一）基于工会政策的维权参与阶段（1978—1985 年）

教师参与学校治理的原始阶段是基于工会政策的维权参与阶段，此阶段的教师只在需要维护自身权益时通过工会参与学校管理。1978 年党的十一届三中全会后，中小学教师工会从 1966 年全国总工会解散后的瘫痪状态逐渐重建。2001 年修订颁布的《新工会法》明确规定维护职工权益是工会的基本职责。虽然在工会发展之初，尚未出现"教师参与学校治理"这样现代化的概念，但在此政策下，教师通过工会维护其自身权益成为教师参与学校管理的一个侧面写照。在以工会为主的参与管理阶段主要是一种维权管理。对于学校教师而言，每个人都是学校工会成员，工会也不是学校决策部门。工会成员既不会主动也不会被邀请参与到学校的相关决策中。除非教师的个人权益受到侵害，触发了工会的基本职责，工会才会出面维护或进行干预。这也形成了教师参与学校管理从自身权益出发的基础。

（二）基于教代会政策的民主集中阶段（1985—2014 年）

教师参与学校治理的萌发阶段是基于教代会政策的民主集中阶段，此阶段教师作为学校决策的唯一参与主体。教育工会恢复组织活动后，在上海、辽宁等地学校陆续开展建立教代会制度的试点工作，并于 1980 年形成《关于在学校建立教职工代表大会制度的试点情况报告》，随后在各省市学校普遍开展试点工作。1985 年 5 月，党中央发布的《关于教育体制改革的决定》指出"要建立和健全以教师为主体的教职工代表大会制度，加强民主管理和民主监督"，正式提出建立教职工代表大会制度。1995 年 3 月，《中华人民共和国教育法》第三十条规定："学校及其他教育机构应当按照国家有关规定，通过以教师为主体的教职工代表大会等组织形式，保障教职工参与民主管理和监督。"2005 年《教师法》第 7 条第 5 款明确了教职工代表大会是教师参与学校民主管理的主要形式。至此，教师以教职工代表大会的形式参与学校管理成为中小学民主管理的主流。教师通过选举成为教职工代表，然后以个人形式代表教师群体参与决策。学校的发展规划、重要制度、与教职工利益相关的政策必须经过教代会同意才能发布。被选举成教师代表的教师个人不得不参与到很多与其个人利益无关的学校决策中，这与工会政策下教师以维护自身权益为主的参与方式有了本质变化。

（三）基于治理理论的多元参与阶段（2014—2022 年）

教师参与学校治理的发展阶段是基于治理理论的多元参与阶段，此阶段教师参与学校治理不再是唯一主体。党的十八届三中全会提出推进国家治理体系和治理能力现代化，2014 年教育部发布《推进教育治理体系和治理能力现代化》，从此，学校管理走向治理。学校治理是治理宏观概念的微观化，实质是建设依法办学、自主管理、民主监督、社会参与的现代学校制度，其中自主管理、民主监督和社会参与的特征产生了多元主体。在学校决策层面，不仅需要考虑教师意见，还需要充分尊重家长、学生及社会意见，教师参与学校治理的权重与基于教代会政策的民主集中阶段有很大区别。

（四）基于党全面领导的新型参与阶段（2022 年至今）

教师参与学校治理的本土化阶段是基于党全面领导的新型参与阶段。党的二十大报告提出中国式现代化的本质要求是中国共产党领导的社会主义现代化，是人口巨大的现代化。当中国式现代化结合国家现代化内涵向治理体系与治理能力现代化拓展时，就开创了学校治理体系和治理能力现代化的本土化阶段。在此阶段，结合治理理论和我国国情特色，将充分探索党全面领导的教师参与学校治理体系和能力，将学校庞大的教师群体参与学校治理面临的问题进行新的探索，必会开拓新的参与形式。

二、教师共同体的性质与特点

我国现已拥有许多中小学教师共同体，学校内部的教师共同体既包括全校的教师队伍这种整体形式，也包括具体的经过教师专业化洗礼的教研组、学年组、备课组等基层教师共同体，还有伴随出现的教师发展论坛、各类学校的教学研究会、学校内部的课改沙龙①、名师工作坊、各种网上交流的教师群体、教师读书会，或直接称为教师学习共同体、教师发展共同体、教师专业共同体等。

教师共同体的出现为中小学教师自身的专业发展提供了一个新教师教育的方式和途径，同时也为深化课程与教学改革增添了新的力量。它不同于以往的在职教师教育模式，教师共同体能够在鲜活的课改实践中，更好地促进教师之间经验的分享与交流，促进教师之间实现真正的富有成效的合作，使教师自身重要的个人教学知识得到传播，推动教师专业发展从外控式发展向自主发展转变，不仅仅使个体教师获得发展，而且还使作为专业集体的教师获得整体发展。

但是，近年来在教师共同体建设上出现了一些值得注意的问题，影响了在职教师自主发展的方向和实践。一是教师发展的行政化。一些学校只采用行政手段建立教师共同体，建立刚性指标束缚教师，没有以教师为本，教师职业倦怠。教师发展技术化，只重视具体操作，而忽视教师存在的价值。二是教师发展与课改割裂。教师发展与课程改革相分离，离开课改与教学实际，便没有教师真正的发展。一些教师共同体只重视教师自身的专业提高，认为教师发展是教师自身的事，课改则是上级和学校的事，这种割裂的思维方式是不行的。三是以促进教师发展为主旨的教师共同体没有了存在的意义，成为形式上的东西，这种情况必须得到解决。凡此种种，已经对我国教师共同体的建设与发展产生了消极影响。

出现上述问题的一个重要原因就是在步伐很快的改革中，一些学校的教师共同体和教师共同体建设的参与者忘记了教师共同体存在的价值，没有弄清教师共同体的特点。因此，为了把握教师共同体建设的基本方向和基本问题，我们认为有必要对教师共同体的性质与特点做进一步的探讨。

---

① 现代沙龙延伸到会议方面，主要指规模较小、议题简要、非正式化的，由行业内的企业聚集在一起进行讨论的会议，一般备有酒水糖茶，或有歌舞表演的活动。

（一）教师共同体的性质

1. 教师专业发展的精神—地域共同体

共同体可以划分为三类：血缘共同体、地域共同体与精神共同体。教师共同体就是一种精神—地域共同体。一方面，在教师专业发展语境下，教师共同体追求的是合作、分享与共同发展，是一种精神共同体；另一方面，由于是以学校为存在单位的，所以，也是一种地域共同体。因此，我们说教师共同体是教师专业发展的精神—地域共同体。

教师自主发展需要专业上的自由空间。长期以来，受到原有计划经济体制的影响，学校教育实行集中管理，中小学教师从教什么到怎么教等都已经被制度安排好了。在学校中，教师自己的思想很难得以体现，能够自由支配的时间也很少，行政化的学校教师管理使教师发展处于相当被动的状态。这种状态的长期存在形成了一种教师发展的外控式传统，这种传统至今仍有很大影响。自主发展是教师拥有专业自觉，持续、主动地改变原有的知识、观念，吸纳新的知识、观念，提高自己的能力，促进学生学习的过程，这是教师专业成长的关键点，是教师主体性的重要表现，也是教师职业道德的重要内容，它应该是一切自觉为教育事业献身的教育工作者的自觉行动。

在当前进行课程改革的背景下，教师进行自主发展尤其有着极不寻常的重要意义，事关教师的身心健康和课改的成功。教师的自主发展并不意味着课程改革完全依靠教师个人的行为；相反，课程改革更要求教师的团队合作、交流，形成教研合一的教师专业生活方式，在相互激励、相互学习中真正走上自主发展的道路。在教师共同体中，教师立足于教育教学实践自觉反思教学研究活动，不仅可以相互学习、相互激励，加快自主发展的步伐，而且能够有效地提高教育教学质量，促进学生健康成长。教师既可以学习其他教师的优秀教育教学经验，了解他们学习的新知识、新观念，也可以从与其他教师的对话、分享中，了解到对问题的不同观察角度和观点，从而在反思中建构新知识。另外，在教师共同体中存在着鼓励与支持教师学习的文化氛围，并提供各种支持性条件和学习资源来支持教师学习。教师在这样的学习氛围中彼此相互影响、相互鼓励，这使教师在遇到困难和压力的时候，能够坦然面对、积极解决。

课程改革是全体教师的事情，教师自主发展不仅仅要关注作为个体的教师的发展，更应该关注作为整体的教师专业水平的提升。因为只有作为整体的教师专业水平有了很大的提升，才能从根本上推进课程改革，提高所在学校的教育教学水平。而教师队伍整体专业水平的提升需要教师之间资源的分享与传递，其核心是个人的教师专业知识、能力的分享与传递。在学校平时的工作中，教师之间很少有实质性的交流和分享，而以往校外培训机构和基于校本的教师教育培训这两种教师教育的形式，也都不能使教师摆脱孤立的境地。

第一种培训方式是外控式的培训，它以教师的专业知识能够全部用显性知识来进行表征为假设，通过代表权威的教师教育培训者把教师职业的专业知识传递给教师，接受培训的教师只要运用这些专业知识就能够有效地指导自我的教育教学实践。这种培训方式存在两方面的问题：一是教育教学理论和实践分离；二是教师专业知识都可以用显性知识进行表征的假设不成立。因为教师教学质量的优劣，难以用明确的语言和符号等进行传递。

第二种培训方式是基于校本的教师教育，针对教育教学实践问题，关注教师个体教育教学实践角色的完善，这种方式凸显了教师个体作为人的存在。校本培训的途径有反思、教师叙事、教育案例等，这些途径大多数时间都是教师个体独自进行的，缺乏教师与教师之间的合作交流。

总而言之，以上这两种培训措施对于促进教师个体角色的转变、改进个人教育教学实践有一定的意义，但对于提高整个教师职业群体的专业化水平贡献不大，也依然无法真正地促使作为整体的教师专业水平的提升。教师共同体这种新型的教师专业发展组织，能够使教师从孤立的主体走向多元主体，通过教师之间的合作、互动与交流，实现知识的共享，有效地促进作为整体的教师专业水平的提升。

2. 教师专业生活的社会性共同体

涂尔干通过对现代社会背景的分析，提出了"有机团结"理论，深刻地阐释了个体通过怎样的关联而组成社会的问题，从更深层的社会联结形式的角度帮助我们理解共同体的维系与发展。"有机团结"理论认为社会团结的两种形式之一的"机械团结"是社会发挥功能所必需的，但从个人自由的立场来说是压抑性的。而"有机团结"在"有机关联"中，集体的"协调一致"表现为分化或产生分化，个人不再彼此相似，而是彼此有别，正是由于不相同，"协调一致"才以某种方式得以实现。它是由分工的扩大以及伴随而来的社会成员个性化而产生的，它承认由于专业化影响而形成利益的异质形态，它通过缓和、调整和控制各种利益而使社会团结起来，是社会发展与个人发展相得益彰的状态。这种"有机团结"是与现代社会相吻合的。"有机团结"既是分工与整合的兼容，也有基于自愿、自由、主动而与他人发生正面联系的性质，因为"有机"是指灵活应变的生命机制、持续的再生性、自主调节的适应性。

"有机团结"作为现代社会人的一种结合方式，成为人们在相互差异的基础上凭借理念、志趣进行协商以达成合作的机制。"有机团结"也正是基于以上所论述的内涵而嵌入我们对教师专业共同体的研究中。因此，从这一角度我们认为教师共同体具有如下性质：教师共同体是以教师专业化为基础，以教师专业发展的愿望为前提，以"分享、合作、发展"为核心精神，以专业理想为纽带，以促进教师个体、教师整体以及学校发展为目的，在以学习、教学、研究合一为标志的教师专业化的生活中形成的一种积极的社会关系的联结，是一种教师专业生活的社会性共同体。教师专业发展是教师作为"人"的发展，是多方面的发展。从这个意义上看，教师专业发展不仅需要考虑狭义上个人意义的专业发展，更需要考虑教师作为群体中的个体的社会发展。教师的社会发展要求我们的研究视角不能仅仅停留在教师个体层面，因为教师的社会发展内在地包含了作为教师群体中个体的发展与教师所构成的整个群体的发展。

因此，以涂尔干"有机团结"的思想为理论支撑，我们认为教师专业发展是一种社会性发展，对教师专业发展的研究也需要更多地关注教师的社会发展，尤其是他们之间专业关系联结的质量。教师专业发展，不仅是一个纵向的知识技能增长与教师个体不断成长的历程，同时更是一个横向的关系剖面。从社会学角度来看，如果纵向是教师的专业发展，那么横向则是一种关系联结的建构。而"有机团结"正是这样一种横向观察教师专业共同体中教师个体之间关系以及教师整体关系的视角。

课程改革中一个重要的理念，就是形成教师专业的生活方式，而教师共同体恰恰促进了教师的专业发展。教师共同体的核心功能在于激发教师主动发展的愿望，通过教师共同体内部教师之间的合作，以及参与教师共同体的教学反思和研讨促进教师专业自主发展。

在教师共同体中，教师们在共同的专业生活中相互学习、共同研究，在教育教学实践中，不断提升自己的专业发展水平，树立专业自信，并获得自我的身份认同。共同体是个体内部不可见的、魅力的、外部可见的标志，是自身认同和自身完善与世界的交融。教师共同体是一种充满魅力的存在，这种魅力表现为个体的自愿参与，经过与其他成员的不断交流、沟通而达成。换言之，共同体的魅力是个人魅力的彰显，个人魅力又是共同体魅力的富有个性的表达。教师共同体因此而成为个体与同伴互助共生的沃土。

这里讲的教师共同体专指具有专业自主发展要求且相互理解的教师为了一个共同的目标而建立起来的组织，这是教师在学校推动下自我创立的一种学习与发展的共同体，这种共同体为教师专业发展提供了一个心情舒畅的、亲切的、可以互相依赖的、具有激励性的专业生活场景。正是在这种专业生活场景中，教师共同体的成员能够得到彼此的尊重和信任，得到自主表达的充分机会，而且能够和其他成员共同分享各自的个人知识、相关信息，开发新的更加丰富和广阔的学习与发展的资源。因此，教师共同体的有效运行一定能够促进教师的专业发展，提高教育教学质量，实现教学相长，并推动学校的改进和变革。

教师共同体为教师个人知识得以传播和共享提供了有利的环境，为知识的立体化生成创造了条件。首先，教师专业能力的提升与教师的精神愿望是分不开的。科学理论总体逻辑的运演本身就被一定科学主体的价值、信仰，特别是个人对理论框架的特殊选择和主观偏好左右，所以任何科学理论框架都是以个人意向为先导范式的特定结果。在一切科学决策过程——某项科学研究之探寻、研究成果之公布、接受公众质疑并为之辩护——中，难度将更大，它们都涉及科学家的良心，对科学家来说，其中的每个过程都在检验他们对科学理想的诚意与奉献精神。个人知识和集体知识相互转化，逐步形成共享性专业知识。不论是在个体身上，还是在集体内部，个人知识共享的过程就是知识创生的过程，关键在于提供一个合适的实践参与的平台，而教师共同体的出现为实现知识立体化创造了条件。

3. 教师教学实践共同体

教学实践是学校工作的中心，教师共同体切不可离开教学实践而追求所谓的专业发展，离开教学实践的专业发展是假发展。教师共同体就是教师的教学实践共同体，在教学实践中，特别应理解教与学之间的关系是一种共享生命的关系。在基础教育课程改革日益深入的情况下，虽然教师的教育思想和课堂教学行为都发生了一些可喜变化，但还存在着不少不尽如人意的地方。其中一个关键问题是没有真正认识到教师发展与对学生的理解和研究、与学生的成长密不可分。没有对学生的关注就没有真正的教师发展，也谈不上是真正的课改。而教师共同体的这种教师教育直接与学生的成长相连，并以"学生"作为自身发展的关键词。

教师共同体的管理者不同于其他行业的管理者，他们的管理宗旨不是取得最大的经济利益，而是获得教学实践的成功，以保证学生在校取得较好的学习成绩和未来发展的资本，学生应当始终是教师共同体视野的关注点。同时，从中观上看，学校领导也应该意识到学校改进的中心是学生的学习，学校领导应该清晰地描述出对学生学习的期望，并具有一种改进的紧迫感。因此，在学校中进行的任何管理行为都应该与学校教育的核心建立密切关联。而学校领导往往在这个重要方面做得不到位，很多学校的领导甚至还远离学校的教学实践。

教师共同体建设的宗旨是促进教师专业自主发展，其活动是以教学实践为基础的，学生的学习和发展是教师共同体关注的重点。只有在发现并解决学生学习与发展过程中存在的问题，教师专业发展才能真正获得实现。离开了学生，离开了教与学，教师专业发展便失去了意义，将学生从教师共同体活动的主题中抽离出去，教师共同体也便失去了存在的理由。正因为如此，教师共同体的活动总是和对学生的研究与理解联系在一起。

综上所述，教师共同体对学生学习与发展的促进是以促进教师之间的合作、激发教师自主发展为前提的，以教学实践为基础的。只有教师共同体过上充分的专业生活，教师个体拥有了自主发展的热望，教师之间出现富有成效的社会性合作，一切才有实现的可能。从这一角度看，教师共同体明显具有十分重要的意义。

4．学校改进的推动力

学校改进是一种系统而持续的努力，目的是在一所或多所学校里改变学习条件及其他相关的内部条件，从而更有效地实现教育目标。学校改进是学校走向进一步发展的一条路径。通过学校改进，学校能够改掉过去影响学校发展和学生学习的消极文化，以及那些不适当的工作方法，促进学校主动适应环境，争取积极的发展和变化，最终使学校、教师和学生三者都获得很好的发展。学校改进的根本在于教学改进，而学校改进和发展的终极目的是促进学生学习水平以及能力的提高。

对于学校来说，不论采取何种管理方式，如果其结果对课堂没有积极的影响那将是没有意义的。而教师共同体正是根植于课堂教学，教师共同体开展的活动有力地改变着教师的教和学生的学。特别重要的一点是，教师共同体的建设会使学校教师高度认同学校的发展目标和愿景，从而产生一种内在的责任感。只有随着教师内在责任感的增强，学校才能变得更加协调，教学才能更加富有成效。集体的目标和愿景以及内在的责任感深刻影响着每一位教师的教学工作，在这种积极状态下，教师充分发挥各自的专业自觉，自觉地担当起教育教学工作，时刻考虑学校的发展目标和自己应当作出的努力，主动探究如何解决教育教学问题和构建个性化的课堂教学，培养教育教学热情，积极评价学生的表现。教师共同体成为学校改革的主力军，在全体教师的推动下，学校改进也就成为顺理成章的事了。

（二）教师共同体的特点

本书所探讨的教师共同体对于教师发展、学生发展、学校发展均具有重要意义。同时，我们也应看到教师共同体除了具有共同体组成的自愿性、共同体成员关系的平等性、共同体活动的合作性和成果的分享性这些性质之外，还具有一系列自己的特点。深入了解这些特点会更好地建设教师共同体，充分发挥它在教师发展中的促进作用。这些特点包括以下方面。

第一个特点是实践性。教师共同体运行于学校，作用于学校，它具有很强的实践情境性，这也是它的一个根本性的特点。因为教师共同体是扎根于学校的教育教学实践的，所以才能真正地与教育教学实践的前沿紧密结合，既能及时地发现教育教学中存在的问题，又能群策群力地研究并解决这些问题。也正因为它的实践性，教师共同体和学生的发展、课程与教学改革密切相连，这样就能够更有效地在教育教学实践中促进教学相长。

第二个特点是研究性。教师共同体是以研究教师在教育教学中所遇到的问题为主要活动内容的，这种研究是一种合作性的同伴研究，不是在行政命令和考核指标的压力下做的研究。这种研究一般都是有的放矢，形式生动活泼，富有成效。这种研究与专业人员的学术研究是不同的，它是以对课堂教学和各种教学活动的反思为基础的。因此，自由探究精神是教师共同体的灵魂。

第三个特点是专业性。教师共同体是一个由教师这一专业群体中的人员自愿组成的专业团队，其活动目的、活动内容、活动方式和活动结果都与教师各自的专业和专业成长密不可分。因此，专业性也是教师共同体与其他共同体的一个边界。只有理解教师共同体的专业性，才能够更好地建设和发展它。因为教师专业发展的质量和水平直接关系到学校的生存和学生的发展，关系到整个基础教育的质量，所以通过教师共同体的活动促进教师专业发展始终是教师共同体建设的大方向。

第四个特点是开放性。教师共同体是教师自愿建立的，或是在学校推动下教师自愿组织的，它具有一种非正式安排的性质，是一种相对宽松或自由的存在，在学校内部和外部复杂的教育关系中，经常会出现已有成员的流动和外来人员的加入，还会出现一个共同体成员同时是很多共同体成员的情况，也会有邀请大学教师、地方教研部门和社区人员参与教师共同体活动的可能性。只有这样不断地与外界交流，才能够使教师共同体成员的视野更加开阔，解决问题的思维和方法才能更富有成效。教师共同体不可能是封闭的、单一的组织形式，各教师共同体之间也不可能是不相往来的孤立的存在。开放性应该是教师共同体建设的必然要求。

教师共同体的实践性、研究性、专业性和开放性这四个特点使它不仅区别于其他社会领域的共同体，而且也区别于教育领域内部不同形式的共同体。有了以上四个特点的保证，教师共同体能够更好地促进教师之间的交流与合作，促进教师的自主专业发展，促进学校的改进。它为究竟什么是教师共同体提供了进一步的说明和辨别，也为教师共同体勾勒出了一幅更完整的画面。如果不具有以上四个特点，就不能称其为真正的教师共同体。

三、教师共同体实践的现实图景

随着我国基础教育课程改革的深入开展，教师的教育观念得到更新，教师自主发展受到越来越多的关注，教师专业发展的要求越来越强烈，而教师之间的合作成为实现教师自主发展的一个必要途径，教师共同体应运而生。

在我国，从哈尔滨到深圳，从浙江到四川，不少地区的中小学内部都出现了教师共同体，有的叫工作坊，有的叫发展苑，有的叫活动站，也有的叫研究会，它们虽名称各异、形式不同，但都可以称为教师共同体。

在教师共同体中，教师可以围绕教育生活及专业发展过程中的种种问题真实地表现自我、表达自我，合作完成教学研究与教学实践工作。每一个教师共同体成员都可以借助他人的力量成长，在专业发展中相互关怀与促动，使教师由原来孤立的个体性主体转变为交互性主体。这样不仅可以使教师获得身心上的支持，而且能够促使他们产生更多的新思想，汲取更多的力量，从而最终实现共同的可持续的专业发展。

（一）教师共同体满足教师对专业成长的内在需要

长期以来，在教师继续教育过程中，外控式的集中培训在更新教师观念、开阔教师眼界等方面发挥着很重要的作用。随着基础教育改革的深入，人们越来越认识到只靠外控式的"大培训"是非常不够的，这种与教师实践过程割裂的培训局限性很大。现实的情况是：很多教师都接受过许多不同层次的培训，在培训时感到很有收获，但当他们回到自己的教学实际，便又回到老样子，一切如故。培训学到的技能用不上，原有的教学问题还是没有解决，新的问题又涌现出来，教师因此感到很郁闷，他们的热情被现实的困境消解了。这种"被发展"效果受到广泛的质疑。于是，一些学校的领导和教师选择教师共同体作为实现教师专业自主发展的新尝试。教师共同体成员之间平等的沟通和对话，使教师在学校生活的具体情境中实现了教育的回归和生命的升华。

教师共同体具有自愿性和主动性，其建立与建设的目的在于与学生问题、与学生发展紧密相连，聚焦于教学相长。只有那些关注学生发展的教师共同体才是真正有意义的。同时，这也是教师的精神解放，是我国教师主体性的自觉体认。建立教师共同体不是追求批量的一哄而起，也不是一种新形式的培训，而是拥有相同意愿并相互接受的教师的自愿组合。这种共同体关注的核心是成员持续的专业发展，在深刻的"共情"的基础上自主开展有针对性的活动，教师共同体由此获得真实可靠的专业成长。教师共同体唤醒了教师作为教育改革主体的意识、热情，使长期以来困扰一线教师专业发展自主性的问题，开始出现解决的转机。

（二）教师共同体推动教师在专业上的互助与共同发展

与传统的教研组、年级组相比，教师共同体的组织结构比较松散且开放，活动内容综合且多元，活动方式更具互动性，活动主体更具自主性和平等性，因而在教师的专业成长中发挥着重要作用。通过下面的案例，我们可以看出学科教师是如何建设教师共同体的，是如何进行合作学习和开展研究活动的，教师是如何从没底气到有信心，进而获得自主发展的。总而言之，教师共同体就是让教师在安全、惬意、积极、开放的氛围中，没有顾忌地提出自己遇到的麻烦和问题，并进而展开讨论和探究，在思想的相互激荡中，促进成员专业能力的发展。

（三）教师共同体促进学校文化变革

教师共同体的建设对学校文化的影响是比较明显的，每所学校的文化都具有历史形成的不同于其他学校的鲜明的个性。这种对学校文化的理解能够帮助人们抓住学校文化的本质属性，不仅看到学校文化是一种观念形态，具有核心价值，更看到学校文化是一种面对挑战的共同的行动方式。

我国一些中小学教师共同体，虽然建立时间不长，但是在其影响下这些学校的文化已经悄悄地发生了改变。建立教师共同体就是改变原有的教师发展的被动局面，促进教育教学实践的变革，并推动学校变革文化的形成。不论是学校推动的，还是教师自发组织的，教师共同体作为一种自主发展的文化符号对于着眼于变革的学校文化具有很大的带动作用。

作为教师共同体的形式之一，学习共同体的建设不仅仅是提高成就标准或测试成绩，它涉及改变学校的文化，改变参与者互相影响的方式，允许有更大的自由去发现和追求教育学生的新思想。其实，学习共同体就是这样一群人的集合：这些人真诚地关心他人，专注于遵循一定指导原则进行学习和练习，以加强互相之间的联系并促进家长与学生的健康关系。

共同的价值观和愿景是教师共同体建设的重要内容。建设共同愿景是一个尊重所有成员的希望、梦想和渴望的过程。学习共同体鼓励成员开放地共享他们的思想、信念、希望和感受。

在中小学里，学校文化对生活和学习的影响要远比其他因素大得多，它既能够提供帮助也能够阻碍学习。积极的文化不仅有利于教师共同体的培育与发展，也能促进学生和学校的发展；消极文化则严重制约教师共同体的建设，不利于学校教学与教育的健康发展。理想的学校文化拥有以下共同特点：①广泛共享的目的观和价值观；②继续学习和改进的规范；③让所有学生都学习的承诺和责任感；④合作与平等分权；⑤教师拥有反思、集体研究和共享个人实践成果的机会；⑥有一种共同的专业语言；⑦共有的成功故事；⑧广阔的专业发展机会；⑨共同协作和学习等。

很明显，教师共同体的意义几乎涵盖了上述理想学校文化的所有内容。所以，教师共同体的建设有力地促进了积极的学校文化的形成。同时，这也是对学校内部民主化管理的有力推动。

构建多元的教师共同体，各个共同体围绕学校发展主题，从不同角度研究、解决问题，共同促进教师发展。多元化的教师共同体建设旨在使学校的每一位教师都能置身于形式、内容不尽相同的共同体之中，成为教师共同体的建设者和受益者。学校领导要多倾听教师的心声，多与教师沟通交流，多为教师解决一些困难，积极营造民主、团结、和谐的校园文化，同时为教师创设一种支持学习、易于交流的氛围，使每一位教师都能参与开放、信任的教师共同体的建设。

同时，学校的教师们对共同体也抱有很高的期望，他们期待在共同体中通过平等的交流和真诚的合作获得更好的专业发展，期待所教的学生更有出息，期待自己的教学更让社会、家长和学生满意。

第二节　教师共同体治理的维度考查

从 20 世纪 90 年代开始，治理理论获得了迅速发展，应用领域从经济、政治延伸到社会、教育、文化等众多方面，研究视野从宏观层面深入中观和微观层面。但总的来说，治理理论是以网络关系为视点，以自主自治为基础，以对人的理解和尊重为价值取向，以非正式制度安排为重要内容的跨学科理论体系。

中小学教师共同体作为近些年新兴的一种教师专业发展形式，教育学界已经对其做了很多梳理性的研究，但是很少专门从学校管理的角度，特别是从治理理论的视角来探讨教师共同体建设的问题。本书把治理理论与中小学教师共同体联系在一起思考，尝试提出教师共同体治理的五大维度，即教师共同体治理的思维方式、决策关怀、行动哲学、价值取向和有效边界，并对这五个维度进行诠释。

一、教师共同体治理的思维方式——网络关系

网络关系是治理理论的一个核心内容。在治理浪潮中，只有网络治理才有新的特征，成功治理的关键在于实现有效的网络治理。网络治理以其深刻的内涵为教师共同体的治理打开了全新的视野。网络关系与以往垂直的、线性的管理关系具有根本性区别。网络治理填补了宏观的整体研究方法与微观的个体研究方法之间的空白，是弥合两种研究方法间的裂缝与紧张关系的一种尝试与努力，因此网络治理一开始就被贴上中观分析方法的标签。

"网络关系中的网络是一种具有结点、洞眼和环路特点的结构化形态，是分析社会自组织状态的重要视点。"[1] 中小学管理在传统上只看重以校长为首的领导团队的作用，重视行政的作用，而忽视教师的主体地位和主体作用，经常是把教师看成是看管的对象，是客体，甚至是工具，过度地依赖自上而下的、科层式的管理。这种管理体现的是领导的意志与权威，教师被动听命，缺乏创造的热情和自主发展的积极性。这种主客二分的管理思维方式，成为教师专业发展的障碍。教师专业发展的一个重要内容就是承认并尊重教师的主体地位，将自主发展作为教师专业发展的根本动力。而在由学校校长、副校长、教导主

---

① 王天晓. 对善治的追求：教师共同体治理的系统分析 [M]. 北京：教育科学出版社，2013：85.

任、教研组长，再经过备课组到教师的行政化的垂直管理体制中，教师处在管理链条的最低位置。这种行政化的管理模式，以及这种管理模式内涵的主客式管理思维方式，虽然扩大并增强了学校行政部门的职能，但代价是惨重的，它让教师专业发展的自主性逐步丧失。

教师共同体治理则是从网络关系的角度来看学校的管理问题，把教师共同体与学校各级各类组织看作共处于一个大的网络之中的不同节点，它们彼此相连，互相依赖，平等相处。这种思维方式要求学校管理者将学校管理部门、相关组织和教师共同体的多重复杂关系纳入管理视野。

学校网络关系中的节点既有校长、教导主任这些领导人员，也有处于教学一线的教职员工。在网络关系中，每一个节点都是一个主体，网络关系的实质就是网络节点中的各种人员和组织互为主体。网络治理与政府的实质理性及市场的程序理性不同，它以理性反思为基础，通过对话和反思，不断调整管理模式，借助平等协商达成共识。这也是网络中的各个节点建立信任、实现合作的过程。

对教师共同体采取网络治理方式也是由教师共同体自身的性质决定的。教师共同体是一种具有很强专业性和自主性的教师团队。教师共同体成员在共同体内部互相交流，坦诚相待，拥有相同的信念，追求共同的事业，构成一个联系紧密的有机体。教师共同体不仅具有一致认可的文化历史传统，包括共同的目标、协商的机制，而且个体与个体之间形成了相互依赖的关系，每个个体都在系统中获得了身份认同。教师共同体面对教学研究的需求，重视合作与对话，重视分享与共赢，是一个有机组合的团队，它有共同的愿景、互相理解和分享的思维方式、共同的教学研究活动，并拥有专业发展的集体记忆与特有的话语体系。

（一）建立网络关系思维方式的作用

教师共同体是学校内部教师专业自主发展、社会性发展和教学实践发展的重要力量，其建立与发展意味着教师专业发展从外控式的被动发展转向内生式的自主发展、合作发展。教师专业发展是教师在主体意识和创造力等方面的提高与进步。教师专业发展是内生性的，任何外在的条件和激励，都不能代替教师的自我觉醒。教师以及教师共同体需要有自主发展的时间和空间。创造性劳动需要自由思考的空间，需要主体间的平等交往，而非仅仅是自上而下的命令式的管理。

教师发展作为创造性劳动的一部分，自然需要自由思考的空间。行政管理过多的束缚，不利于教师共同体深入、有效地开展活动。学校应当重视教师的自主发展，包括自主研究、自主学习和自主思考。如果教师发展的一切工作由学校或上级教育部门安排得过满、过紧，甚至是不切实际的，那么教师发展就会走向反面，教师共同体就会失去创造的自由，失去发展的激情和工作的积极性，最终失去自我存在的必要性。因此，针对教师共同体这样一个特殊的教师组织，这样一个促进教师专业发展的新形式，必须对学校传统的以科层制为基础的、下级服从上级的、垂直的行政主义的管理理念作出相应的变革，以适应教师共同体发展的需求，适应教师自主发展的需要。而治理的理念正好契合教师共同体对管理的这种新要求。

教师共同体治理的网络关系思维方式与传统管理思维方式的最大不同就是变"主体—客体"的关系为"主体—主体"的关系。这是一个重大的转变，这种转变除强调治理主体的多元化外，还强调治理过程中学校和教师共同体之间的双向互动，以及多个治理主体之间的相互影响。传统的学校管理是通过运用行政权威对学校进行自上而下的单一向度的管理，而教师共同体因为治理主体的多元和治理过程的复杂，使得学校和教师共同体之间的合作成为可能和必要，治理的过程成为一个学校与教师共同体的双向互动、相互影响的过程，教师的力量在治理中的作用日益增强，不再像过去任由学校安排，而是自下而上对学校产生着重要的影响。同时，学校行政部门和教师共同体通过合作、协商，共同对教师共同体事务进行管理。在教师共同体治理过程中，主体的多元化促使治理过程中权力的运行向度是多元的、相互的，而不是单一的和自上而下的。在学校内部，学校与教师共同体等社会组织群体共同构成了相互依存的治理体系。这种治理体系强调行为者之间的对话与合作。

传统的学校管理依赖于规则和奖励，并以此驱动教师获得专业发展，是以"主体—客体"的关系为思考前提的。而以网络关系为思维方式的教师共同体则是从"主体—主体"的角度思考管理者与管理对象的关系。人们的发展动机来自自身的网络参与和伙伴关系，也就是他们在互相尊敬和共享学习情境中形成的与他人之间的关系。以网络为视点的治理模式成功地指出了一条教师共同体管理的路径，它作为一种治理方式以及管理者的思想资源，对促进教师共同体的发展发挥着积极的作用。

对教师共同体的治理很重要的一点就是学校领导不要直接干预教师共同体事务，尤其是不干预网络中各组织达成目标的途径和机制，学校要留给各组织和教师更大的自由活动空间。

思维方式与决策结果有直接关系，网络式的思维方式和思维视野，有助于管理者摆脱传统管理的负面影响而走向管理的新境界，使产生科学合理的决策成为可能。教师共同体的治理首先要形成网络关系的思维方法。其次，学校的领导要做好和教师共同体以及教师平等交流与联系的准备。最后，在彼此的合作与研讨中，学校管理者形成更有利于教师自主发展以及促进学校改进的治理决策。

（二）形成网络关系思维方式的行动

学校管理者要形成这种全新的思维方式，就需要行动。换言之，这种思维方式即使浸透于所有的治理维度中，但是如果没有转换为行动，它也是没有意义的。治理理念下，形成网络关系思维方式行动策略包括以下方面。

1. 变革传统的思维方式

改变传统科层制中的上下级关系。在网络关系中，决策主体在各自的领域里都拥有决策的自主权。教师共同体在教师专业发展中要有自己的自主性和独立性，要有回应的决策权，如果不改变传统的上下级式的思维方式，就无法实现教师共同体自主发展的愿望和追求。

2. 提高对网络关系的认识

网络关系这种思维方式的实践转变是有效治理公共事务的能量源。治理关系鉴于社会事务的复杂性而拥有多重属性，包括相互渗透、相互依赖、相互对立，从网络关系上看，没有哪一个结点上的主体能够拥有足够的资源而独立处理公共事务。因此，网络关系这种思维方式就会形成一种核心优势，通过各主体之间的最合理的结合形成一种优势互补的、相互匹配的、优势激增的整体管理格局，且释放出巨大的能量。校长应当认识到：在学校这个网络中，既不是校长，也不是中层干部，能够拥有解决学校所有问题的资源，更谈不上仅靠他们就能够实现教师的专业发展，其实教师才是学校的主体。在基础教育课程改革中，有一种认识误区，认为教师应该是改革的对象，特级教师是改革的特大障碍，这是一种非常有害的思维方式。没有教师的理解和参与，任何一种教育改革都不可能获得真正成功，教师是教育改革的潜在领导者。从微观上说，没有教师"我要发展"的自主愿望和自主行动，没有教师这个主体的参与、决策，就不可能有教育改革的深层次推进。所以，以推动教师专业发展为宗旨的教师共同体本身就应该是学校网络中一个具有主体地位的网络结点。换言之，校长和教师共同体之间的关系应该是主体与主体之间的关系，只有拥有这种思维方式，才能适应教育改革的需要，才能为教师共同体的建设，为整个学校的发展提供一个有希望的前景。

3. 注重教学主体的个性发展

在权力分散、组织间疆界不断融化的今天，那种整齐划一、包治百病的管理方式和行为必须转变成强调主体意识、突出主体特点的思维方式和行为模式。网络关系就是一个多主体的关系，或者说是多中心的关系，如果按照传统的思维方式，按照统一的步调前进，整个网络就会还原成传统的、单一的、集体化的"个体"。因此，网络关系思维方式的建立为建立健康的多主体关系提供了良好的社会环境。

要形成网络关系的思维方式，校长就应当不断地激励教师共同体开展具有自身特色的活动，促使教师形成具有个性特点的教育经验、教学风格，形成符合自己专业发展的特有道路。如此一来，教师共同体才能够为教师的专业发展以及学校的发展发挥积极作用。

二、教师共同体治理的决策关怀——非正式制度安排

制度在治理活动中发挥着十分重要的作用，所谓"没有规矩不成方圆"。长期以来，我们关注的主要是看得见摸得着的、有形的制度安排，并把这种制度安排，看成是实施治理、提高治理效率的重要途径。由于人们习惯于正式制度安排，而致使非正式制度安排在管理中成为一个被忽视的领域。但是，正式制度作为一种正规的、有形的制度安排，有一个重要的缺陷，就是对意识形态、道德观念、风俗习惯等人文因素无法规定，这种缺陷随着社会信息化、网络化、民主化的发展而日益显露。新制度主义经济学转而关注非正式制度安排，简称非正式安排。

按照治理理论的观点，制度是约束人们行为及其相互关系的一套行为规则。但是这种制度与传统意义的制度是不一样的，它将非正式制度纳入制度视野。相对于具有强制力的法规、法律和政策这些正式制度，非正式制度是指自发形成的，包括具有持久生命力的文化传统、道德观念、价值取向、伦理规范、风俗习惯、意识形态等。这些非正式制度是一种制约人们行为、调节人际关系的内在的、精神的或心理的约束。在非正式制度安排中，意识形态居于核心地位，因为它不仅可以在一定程度上包容价值信念、伦理道德等其他非正式制度因素，而且还可以构成某种正式制度的先验模式。

作为以培养人为主要活动的学校，这种非正式制度安排就显得更为重要。教师共同体治理就应该给予非正式制度安排以极大的关注。在学校治理过程中，校长要促进教师专业发展，使教师踊跃地参与教育教学的反思与研究，但是如果对教师的道德伦理、价值取向、思想意识不甚了解，对学校积淀下来的文化传统没有一个深刻的把握，那么就没有办法与教师共同体成员进行心灵上的深层次沟通，达不到互相理解的目的，也没有办法发挥领导的权威克服那些非正式制度中的负面影响，如不良的行为习惯与价值取向，更没有办法用先进的教育理念对教师专业发展进行规范、引领，促进教师共同体的建设。

非正式制度具有自发性、普遍性、非强制性等特性。非正式制度的自发性是指人们出于自己所背负的文化，包括意识形态、伦理规范和风俗习惯等，而自发产生的行为规则，不是来自理性的计算。非正式制度的普遍性使其弥漫在社会生活的各个角落，充盈着人类社会的全部空间。非正式制度作用的广度是正式制度远不可及的。非正式制度的普遍性是社会积累的结果，不是人为造成的。非正式制度的第三个特性是非强制性，它不是由权威

部门制定的，也不是靠权威部门推行的。非正式制度因为是非强制性的，所以感觉它是无形的，但是一种真实的存在，然而常常被人们忽视。强调非正式制度的非强制性特点，就是想指出在治理视野下这种无形的、非强制性的制度安排更应受到特别的关注。

（一）非正式制度安排的现实意义

教师共同体治理是对专业团队的治理，采取的方式和方法必然需要与教师共同体本身工作和思考的方式相一致，这样才能够更加有效。在大多情况下，一个专业的团队往往受到社群主义的巨大影响。社群主义以伙伴关系和共同目标为组织基础，强调成员间的相互尊重，以同辈群体肯定的价值立场为行为标准。因此，在这种情况下想通过强加严格的规则或设置简单的激励措施来对其进行改变是行不通的。这就需要我们转换一种方式、换一个角度对这个专业环境中人们所产生和形成的世界观、价值观、意识形态和在实践中形成的行为准则进行了解，然后寻求与专业群体中的成员进行合作。这是最理想的治理方式，即采取非正式的制度安排。这种方式不但能够减少正式制度强制执行的成本，而且其对所处专业环境中意识形态的认同还能够形成一种巨大的行为激励，促使人们自觉地遵循正式制度安排，从而减少了正式制度实施时的阻力。

教师共同体治理应当关注正式制度安排以外的非正式制度安排，特别是对多元文化的理解和尊重，对不同人群的特色文化的重视。教师共同体受到所处社会背景的影响，这也是学校管理者应当重视的，因为教师共同体的社会关系及其所持的世界观对于治理决策的形成十分重要。

教师共同体本身就是非正式制度安排的一种体现，其反映了教师自主发展的意志。中小学校以往的各种制度安排构成了传统管理的框架，而教师共同体的出现打破了这一框架，研讨教育教学问题，促进教学相长，成为教师共同体的生活方式，也是它们的特有文化。教师成为研究者是对教师专业工作性质的反映，是对教师主体地位和教师缄默知识意义的确认，是教师缄默知识和概念文化的沟通，使教师从缄默知识中不断创生出新的教育教学知识。教师共同体的主要目的是探讨日常教学中的困难和麻烦，成员之间相互启发，促进彼此意义行为的产生。这是一种在实践中，通过实践，为了实践的研究。这样的研究工作有助于促进教师共同体内部成员的反思，有助于增进教师对教学、学生的理解，有助于推动学校改革。学校必须了解教师共同体的文化，面向中小学教育实际，着眼于鲜活的教学现实和教师内在的精神力量，充分认识与尊重不同教师共同体的潜力，认识到它们的差异，并把这种差异看成是形成具有不同教学风格的专业发展力量。

因此，对教师共同体的治理要充分考虑到非正式制度安排，充分了解广大教师内部，教师共同体内部那些经常起作用的，或者会产生问题的文化层面的东西。同时，作为校长还应该自觉地发挥文化、道德、价值、意识形态这些非正式制度在心理和精神方面的作用，使得这种非正式制度逐渐渗透到学校的各个方面，渗透到教师共同体中，渗透到每个教师的心里。

非正式制度安排在促进教师专业发展方面具有重要意义，这些意义可以归结为以下三点：一是凝聚意义。非正式制度是由校长和师生长期交往形成的，其中一些文化传统、意识形态和集体记忆能够强化学校和教师共同体之间、校长和全体老师之间的认同感，具有凝聚作用。二是导向意义。学校的非正式制度含有我们国家对教育的基本要求、学校的主流价值取向以及对教师评价的标准，因此，这种非正式制度就为教师共同体以及广大教师思考问题和行为活动提供了参照规范。如果非正式制度安排得到教师共同体的认同，那么就会成为鼓舞教师自主发展的动力。三是规范意义。学校的非正式制度往往表现为时间上前后相传的习惯和行为方式，这些习惯和行为方式是一个学校所特有的。学校领导关注非正式制度，就能够在促进教师专业发展的工作中，把非正式制度转变为广大教师成长的行为规范。很多有悠久历史的学校会利用本校积淀下来的历史文化以无形的方式指引教师共同体和教师的发展。

（二）非正式制度安排的行动指向

《教育规划纲要》对学校制度创新给予了高度的重视，对学校内部教师共同体的治理也是对学校制度的创新，其创新点就在于对非正式制度的关注。在促进教师专业发展、推动基础教育课程改革的过程中，教师共同体可以发挥重要作用，但是有一个前提，就是要给予非正式制度以充分的关切。

第一，发挥道德规范作用。当前，校长应积极发挥道德规范的作用。道德规范不是一种硬性制度，但是它可以把所有人的良心放在道德的天平上加以衡量，会促使学校所有成员自我反省。教师的道德规范是以非正式制度的方式发挥作用，促进教师专业发展的。

第二，塑造健康的共同体文化。塑造健康的共同体文化，推动教师的合作与发展。非正式制度安排是一种"软约束"，以无形的力量推动教师共同体的发展。教师共同体是一般教师文化和特色教师文化的携带者，必须使传统的正规制度承认并容纳教师共同体的文化，而对教师共同体文化的探讨是实现学校领导者对其理解的重要一步，学校治理制度的建设必须有利于充满创造力的教师共同体文化的生存和发展，必须有利于对共同体文化的滋养，并形成正反馈关系。学校领导要紧紧抓住这个"软约束"的力量，在与教师共同体对话与沟通中形成一种符合育人要求的、有利于教师专业发展的、共同的价值标准、道德品质和文化观念。这种选择是塑造教师共同体文化乃至整个学校组织文化的首要问题。

第三，摒弃不良的非正式制度。在对教师共同体的治理过程中，学校在对非正式制度关切的同时，还应当以清醒的头脑抵制那些不良的非正式制度。学校处在社会变革的大环境中，在市场经济大潮的裹挟下，一些消极的思想道德观念会侵入学校机体，同样也会影响到教师共同体的建设。因此，校长要建设并发挥教师共同体的作用就必须旗帜鲜明地抵制那些不健康的非正式制度。

第四，将正式制度和非正式制度有机地结合起来对教师共同体进行治理。治理理论看重网络各结点的主体关系，虽然表达了对非正式制度的极大关切，但并不是要抛弃正式制度。正式制度依然是十分重要的。在教师共同体治理中，校长既要发挥非正式制度无形的鼓舞与约束的功效，也要根据我国有关的法律制度和教育政策以及学校情况，制定有关教师自主发展的专门制度，并加以实施。只有实现正式制度与非正式制度的紧密结合，才能实现对教师共同体的有效治理。

非正式制度不同于单纯依靠行政手段强加于教师共同体的正式规则，这一治理方式体现了学校管理者对教师共同体的关怀，体现在对教师共同体内部文化的宽容和理解上。

三、教师共同体治理的行动哲学——有限自治

治理意味着各种不同主体在参与中会形成一个自主的网络，并在网络的特定领域里具有某种选择与决策的权力，也可以与政府进行合作，分担其部分治理责任。教师共同体作为一种民间组织，正是适应了这股潮流。同时，对教师共同体治理的一个标志性行动就是授予教师共同体有限的自治权。建立网络关系的思维方式的目的在于行动，而对教师共同体实施的治理方式不同于传统学校的管理方式，就在于有限自治成为共同体治理的行动哲学。

在当代治理理论的思维逻辑下，网络关系经常是在与政府行为和市场行为相比较的过程中显示其存在的意义的。网络关系处于政府治理和市场协调之间，它既不是市场，也不是权力机构，而是处于它们之间的一种中间糅合体。相对的独立与自治就是这个中间糅合体的显著特点。

教师共同体在学校的网络之中，也是一种糅合体，处于学校领导和教师需求之间，每一个教师共同体在学校的网络中都可以找到自己在专业发展中的优势。学校对教师共同体的治理就是要充分看到网络关系中教师共同体的主体地位和自治的特点，顺势进行协调和引导。这种协调和引导的核心就是赋权，使教师共同体和广大教师感受到自主发展的可能，并且通过赋权保护和支持教师共同体的自治行为。

在对教师共同体的治理上，学校不能像对待学校中的其他行政组织那样采取集中控制的治理模式。为落实"主体—主体"以及多中心的治理思维方式，教师共同体应该享有一定的"特权"。这里的"特权"指的是给教师共同体以相当范围的自由来处理自身发展问

题。教师共同体关注的是教师自身专业水平的发展和教学育人水平的提高，需要有一个自由且宽松的环境。在中世纪，Liberty——"自由"这个词与 Privilege——"特权"是同义的，换言之，"自由"是做某件事情的"特权"。在我国教育飞速发展的今天，教师所承担的责任更重，要学的知识更多，要具有更多的能力，要不断提高自身的专业素质以便更好地培养新时代的人才。而教师共同体作为这样一种促进教师专业发展的有效组织形式，如果没有一定的"特权"，只被当作附属于学校的一般行政机构来进行治理，是难以获得真正发展的。学校要给予教师共同体的"特权"，就是要改变将教师共同体作为一种类行政机构的错误认识，赋予教师共同体更多的自我发展的权力，在治理模式上实现从行政式管理到治理的转变。

（一）有限自治的基本作用

长期以来，在学校管理过程中，管理者习惯于运用行政手段来推动师资队伍的建设，运用刚性的指标来推动教师专业的发展。现实中往往表现为行政化程度逐步增强，管理成本不断提高，而管理的实际效果却越来越差。学校内部变得等级森严、关系紧张，教师工作与自主发展的环境不断恶化。要对教师共同体实施治理，就要转变那种高度集权的、由校长一个人做决定的管理方式。这种方式体现的是学校领导的思想和意志，是一种强加在教师头上的思想和意志，往往成为影响教师创造热情和创造力的制度性障碍。作为网络中的一个结点，学校领导团队应该具有民主观念和授权意识。集权管理是学校领导站在传统的、线性的管理立场上对学校管理行为的一种错误判断。我们的教师从总体上看是具有良好素质的，其蕴藏着自主发展的巨大潜能。所以，学校领导对教师共同体实施治理，应该敢于放权，相信教师共同体，相信广大教师。

本书讲的自治是有限的自治，因为教师共同体是在制度框架内建立并进行活动的，给予它一定程度的自治，一方面是为了使它获得更好的发展，使教师在工作中、在研讨中能够感受到专业成长的效果；另一方面，学校领导也要用制度去约束、要求教师共同体，使它的行为活动不会背离国家制定的教育方针和政策。

赋权自治是治理的重要行为，这是传统的统治行政走向服务行政的必然过程。在市场经济体制下，政府应该履行的是服务职能，考虑的是如何为公众服务，关注的是公共行政的主体，从重治理、轻服务、以政府为中心，过渡到重视公共服务、以公众需求的满足为中心。

教师共同体实行有限自治，也是与教师专业的特殊性密切相关的。在当代世界，教师正从传统意义上的知识传授者转化为学习活动的组织者、引领者、参与者和促进者。凝聚在教师共同体里的教师，有很高的自主发展的积极性，渴望自己的专业获得发展，期待能够参与各种活动。此时，教师共同体能不能真正促进教师自主发展，一个重要方面就在于教师共同体能否适度自治。如果一切还都是学校领导主观安排，教师共同体没有自治权，没有自己的活动空间，那么，治理思维方式的转变也就会落空，教师共同体也只是徒有虚名而已。

只有赋权，实现有限自治，教师才会拥有更多的时间和空间去考虑自我发展和同伴发展。如果学校管理者习惯于集权，那么教师和教师共同体的自主专业发展将严重受损。如果实现放权和有限自治，就会使教师的心里迸发出"我要发展"的激情，进而将自己的全部身心都投入到教育教学工作中，积极探索教育教学中存在的问题，并在学生的成长中寻找自己人生的意义。

（二）有限自治的行动指向

第一，赋权。赋权与自治是对传统管理理念的挑战，所以这里有一个理念转变的问题，虽然在管理学的理论与实践中，也有"情感治理"一说，但毕竟是在遵从上下级的森严关系的基础上，把情感作为与下属交换利益的砝码。被管理者始终没有办法摆脱被动的、执行者的角色。对教师共同体的治理就是要改变教师作为被管理者的被动状况，改变教师处于学校管理金字塔底层的无权处境。思维方式的转变使我们认识到：建立"主体—主体"关系是治理行动的根本方向。而要使教师共同体成为多中心的一极，学校就必须给予教师共同体一定的权力，使有限自治成为教师共同体存在与发展的基本形态。教师专业发展本身就是要张扬教师的主体精神，就是要使教师在教学和教育活动中更具创造性，而这种创造性首先就要求活动主体拥有自主与自由的环境，没有自主与自由的环境就谈不上教师在专业上的真正发展。

第二，重视教师共同体的自我约束。实现教师共同体的有限自治，就要注重教师共同体的自我约束。自治不是自由放任，而是教师共同体的成员组织起来按照教师专业发展的需要自由地开展活动。这其中就存在教师共同体对自身行为的规范和因此而制定规章制度的问题。学校对教师共同体进行治理，就应当鼓励教师共同体自主建立和完善其内部规则，如此才能保证教师共同体自我治理的实现。

第三，建立自治赋权的内部制度。学校也应该实现制度创新，建立自治赋权的内部制度，为教师共同体的自治创造有利环境。虽然教师共同体的自治是治理的行动哲学，但一些教师受传统思维习惯的影响，并不知道怎么才能自治，甚至在有了一定的自治权力之后，觉得无所适从，还不如像过去一样，受从校长到教研组长到备课组长的指派来得舒服。因此，实现教师共同体的有限自治有一个对教师自主发展意识进行启蒙的过程。教师只有理解自主的意义，学会运用自治权力，才能给自己开辟出专业发展的空间，形成与他人合作的可能，进而提升所在教师共同体的整体水平。

四、教师共同体治理的价值取向——理解与尊重

对不同人群的理解与尊重是现代治理理论的重要内容，它强调在民主化社会里对有不同文化背景的人群，对少数族裔和处境不利人群，要给予充分的理解和尊重。这种理解和尊重集中表现了治理理论的价值关怀，与传统的管理理念不同，治理的出发点与目的都是人，而传统管理主要强调的是效率和效益，人只是实现目的的手段，进行的是工具化的劳动。理解和尊重凸显了治理理论的人文色彩和人文关怀。

治理理论在这一点上深受解释学的影响，海德格尔最先从人的本质与存在出发，把理解活动作为哲学研究的主题之一。海德格尔清楚明确地在以主体间关系为基本内容的理论框架中考察人类理解问题，并坚定不移地张扬人类理解活动的主体性。海德格尔阐述了许多人文理解论的根本观点，为建立人文理解论奠定了理论基础。根据解释学的观点，治理理论十分重视对人的理解，对人的理解实际上是与对人的意义的理解连在一起的。这里的人是作为主体存在的人，而作为主体的人是应当受到尊重的。理解和尊重集中代表了治理理论的人文情怀。

治理的权力运行向度是多元的、相互的，是一个上下互动和多向交流的过程。对教师共同体的治理不能只靠传统的强制性的行政、法律手段。治理更多的是强调各种机构之间的自愿、平等、合作。如果把这些方法应用在学校对教师共同体的治理当中，必定能够使教师共同体获得必要的独立性和自主性，并能给予它很大的发展空间，使教师共同体在最大程度上遵循自己的专业发展路径，而不必担心受到行政官僚体制的干涉。

教育事业具有突出的人本性，它是以育人为中心的社会活动，在学校内部不论是老师、学生或者是学校领导，都是作为主体的人而存在的，而不是教育机器上的一些零部件。所以，作为学校管理活动的一种，对教师共同体的治理更应当突出人本性，特别要凸显校长对教师的理解和尊重。在治理视野里，校长与教师不是一种以奖罚为交易的治理者与被治理者的关系。校长的领导方式应该从交易型领导转化为理解和尊重型的领导，只有这样才能获得教师的认同，获得教师共同体的认同，才会形成一种有利于教师专业发展的、和谐的学校文化。结合学校的教育实际，理解和尊重就是把教师当成人，当成具有主体意识的人。实施以理解和尊重为价值取向的治理，在教育上尤为重要。这种治理的实现需要经过从以物为中心的治理到以人为中心的治理的重要转变。

（一）治理中理解与尊重的意义解读

在现代化过程中，以泰勒为代表的传统管理理念是以机器为中心的，人被异化为机器

的附庸，这种管理的结果造成人成为丧失个性的标准人。这种管理意味着沉重的压力，意味着人的主体性的丧失，它是工业化进程的产物。而以韦伯的最理想的行政组织为代表的传统管理理念认为人没有主动性和情感，人在行政组织中只是接受上级指令、为上级负责和命令下级的"机器"。这两种最具代表性的传统管理理念一直深深地影响着人们的管理理念和管理方式，就连学校也是采取的科层制的组织结构和管理方式。在知识经济时代，如果不能理解与尊重员工，就不能激发员工的劳动积极性。它们不是生产成本，却会影响生产成本；它们不是科研成本，却会阻滞科研的进步；它们不是营销成本，却会使市场开拓成本增加；它们不是管理成本，却会因内讧而使管理成本加重。换言之，没有心与心的交流，就不会有真正的成功与事业的拓展。

对教师与教师共同体的理解与尊重，是对教师共同体治理的价值取向。这种价值取向是以人为本理念的反映。

在我国基础教育改革中，让中小学教师拥有专业发展的自主性是非常重要的。长期的教育体制上的不完善和在职教师专业发展制度的不健全，特别是对教师缺乏尊重、理解、信任，再加上教师自身的职业倦怠，致使教师专业发展缺乏自主性，这已经成为中小学深化教育改革的瓶颈。尽管如此，我国一些地区的学校还是出现了教师共同体这种新鲜事物。这些教师共同体的出现反映出中小学教师中蕴藏着较大的自我发展的精神需要。

要落实对治理的追求，对学校来讲，首先要树立以人为本的发展理念，重视挖掘教师自主发展的潜力，积极主动地帮助教师实现专业发展。这种理解和尊重的出发点是教师，目的也在于教师的自主发展。治理就应当建立一种主体间的合作交流的机制，这与传统的靠权力与制度进行的刚性治理不同，它倡导教师共同体成员之间的、不同教师共同体之间的、教师共同体与学校之间的相互合作。这种合作是教师在受到理解和尊重的情况下对学校的认同、对团队的认同以及对自我的认同，这种合作会迅速提升教师的自信和内在精神需求。

对教师的理解和尊重还应体现在鼓励教师的发展上。与传统的硬性制度要求不同，治理更倾向于用鼓励的方法促进教师共同体的发展。这种鼓励的最高境界就是理解与尊重。治理主张"掌舵而不划桨"，体现了对教师与教师共同体的信任，使教师共同体在有限自治的情况下激发成员研究的积极性，在研究中不断提高教育教学质量。同时，教师共同体受到鼓舞后也会反过来营造学校积极向上的治理氛围。

由于我们把全体教师作为一个共同体来界定，那么与"有机团结"相适应的教师文化内在要求的社会规范和价值观，诸如信任、互惠、合作等文化准则必须建立在这一基础上：教师们因共同的工作目标和共同的工作认同感而认为有必要在一起工作。换言之，只有与专业理想相结合的良好的同事关系才有助于"有机团结"的培育。这种良好的同事关系在共同体内部会促成教师间的忠诚、信任、互惠与合作，并且可能使非正式的教师文化逐渐向教师的"专业美德"的维度转变，从而进一步促进教师个体的专业发展，并赋予教师专业共同体以灵活应变、持续再生、自主调节的特质，推动其作为一个紧密结合的社会群体不断向前发展。

（二）治理中理解与尊重的行动指向

首先，要以人为本。不论是教师专业发展瓶颈问题的解决，还是教师共同体主动发展的制度制定，很重要的一点就是学校管理者要真正以人为本，将尊重与理解作为对教师共同体治理的价值追求。只有在相互尊重的基础上才会有对话与协商，才会有与教师共同体的健康的合作关系。

其次，是建立合作、对话、沟通、交流的有效机制。合作、对话、沟通、交流，充分体现着学校领导对教师共同体和广大教师的关怀，体现着治理的价值取向，是治理教师共同体的基本途径。为此，学校领导要在治理视野下探索一种合作沟通的有效机制。这种机制对学校治理者与教师共同体的关系做了重要调整，即这两类人员在实现教师专业发展的过程中，不再像以往那样是一种"中心—边缘"的关系，而是形成一种平等的、共生的"主体—主体"的关系。学校不仅要调动教师共同体参与学校教育发展和改革的自主性和积极性，使它们不再处在"边缘"地带而进入"中心"位置，充分发挥他们的聪明才智，同时也使得教师共同体作为教育研究者群体更深入地融入教育实践中，真正发现学校教育发展中所面临的各种问题并寻找有效的解决措施，与教育实践者一起进行有意义的理论探索。因此，在治理视野下，对教师共同体的治理要以教师作为学校教育研究、教育改革和发展的主体，使教师摆脱"边缘"的地位，以主体的身份、研究者的身份自主、自愿地参与到教育改革与发展中来。学校领导要尊重教师和教师共同体，以专业对话者的身份，以与他们合作工作的方式，从现实出发，共同探索学校未来的发展。

再次，要培育宽松的治理环境。根据教师共同体的特点，教师共同体需要民主、宽松的治理氛围，需要获得充分的尊重。而且，教师共同体的建设和发展不单单是学校所要负责的事情，同时也是教师共同体的成员所要负责的事情。教师共同体是一个专业性团队，内部的成员也都是专业人员，对自身乃至整个共同体的专业发展都有着深刻的见解。如果学校在对教师共同体的建设和发展方面，还是采取由上而下颁布行政命令，把严格的规则强加其上的管理方式，那么教师共同体在学校就不会有好的发展前景。

最后，将对教师共同体的治理与学校改进相结合。对教师共同体的治理也是学校改进的一种途径。教师共同体的发展与学校改进密不可分，是推动学校改进的重要力量。校长应当充分认识到，教师专业发展和教师共同体建设是学校工作改进的重要事情。教师共同体建设和教师发展是在具体学校的实践中实现的，从某种意义上来说，学校发展的水平取决于教师共同体发展的水平。教师共同体建设必须和学校改进结合起来，这样的教师共同体发展才是有根基的、富有生命力的，这样的学校改进才抓住了根本，才具有广阔的前景。

五、教师共同体治理的有效边界——多元参与

在治理理论尝试着去处理实际问题和寻求可行的解决办法中，参与式治理被证实为治理理论作出了突出贡献。治理的多元参与，即多个主体的共同参与，是治理理论的一个重要方面。

在现代社会里，在市场经济条件下，政府为推动改革，鼓励多元参与，应用新的技术和治理模式知识建设服务型政府，这是平衡政府与市场的一种有效手段，是行政民主的重要表现。

教师共同体不是处于市场之中，它作为教育领域内自发形成的组织，聚集了教师这种专业人员，并且负有育人的重任。引入多元参与，最大限度地发挥教师的主动性，最大限度地与教师共同体分享公共权力，这实际上是教师共同体能够得到有效治理的一个标识。通过以上有关治理理论的分析我们可以看出，最常见的治理方式是合作、对话、协商。治理理论注重参与主体的多元化，所以，在治理主体上强调公民和社会机构的参与，在治理方式上强调各主体间的沟通与交流。

（一）治理中多元参与的意义解读

对教师共同体的有效治理需要学校内部成员的广泛参与。教师共同体治理是建立在学校领导与教师共同体以及学校内其他组织的合作、协商基础之上，是学校领导与包括教师共同体在内的校内所有组织共同参与治理过程的治理模式。它所强调的不是学校领导对权力的垄断，而是强调权力中心的多元化，各种组织和个人均参与治理过程；它强调学校领导与校内各组织的互动性；它不否认学校领导利用权力进行命令与强制，但同时强调学校领导与学校内各组织的协商与合作。因此，对教师共同体的治理过程中如果没有学校领导、教师及其他学校组织的参与，那么也就丧失了治理本身的意义。而教师共同体是一个具有适度自治性的组织，对它的治理更不单单是学校领导的事情，而应该是包括教师共同体自身在内的、学校内部多组织共同参与、共同决策、共同解决的事情。这种多元参与是学校领导集体主导的，而不是一种权力的圆桌会议。这是教师共同体治理的一个重要特点。

从另一个角度看，个人的理性程度是有限的，决策者具有的是有限理性，决策受到人

类心智和组织背景的限制。特别是在信息爆炸的现代社会，人们面临的是一个复杂的、不确定的世界，而且交易越多，不确定性就越大，信息也就越不完全，这导致人类选择做什么的过程更加复杂。决策者在做决策的时候不得不同时处理外部环境和他们的内心世界，以及他们的认知结构。决策者自身的经验、思考习惯以及情感可能会使他们产生不同的偏好进而在决策过程中往往会忽视一些事情。因此，作为教师共同体有效治理的边界，多元参与一方面体现出决策的民主化；另一方面一定程度上弥补了有限理性的缺陷，使得有关教师共同体治理问题的决策更加合理。

多元参与对于教师共同体的治理具有标志性意义。治理，没有教师共同体内全体成员的参与，就不会实现领导与教师的有效沟通，更不会实现有效治理。只有教师共同体内部成员积极参与治理，学校领导才能够及时了解教师共同体运行积累的经验和可能出现的问题，才能够作出符合实际又具有前瞻性的决策。所以，有无多元参与就成为教师共同体能否有效治理的一个边界。

（二）治理中多元参与的行动指向

在多元参与这一治理边界内，应当最大限度地利用学校各种资源，充分实现教师共同体治理的多主体参与，为此，应当采取具有标志性的行动。一是在学校治理中，要继续解放思想，破除官本位的思想，彻底摒弃权力垄断的观念，与教师共同体和广大教师分享教育的公共权力。承认教师共同体的公共地位，并在此基础上，通过平等协商促使其积极参与有关教师专业发展和其他领域的学校决策。二是学校领导要认真做好校内正式组织的优化，减少纵向层级，加强横向合作，为多元参与提供必要的空间。三是增强学校领导团队工作的适应性和灵活性，改变学校领导在办公室里写计划、做决定的习惯。在与教师共同体接触与交流中，了解教师的需求和专业发展的困难，根据具体情况作出及时有效的处理。四是在条件成熟的情况下，建立实现多元参与的治理机制，比如教师共同体联席会议、教师自主发展联合会等机构，协调各种教师专业发展资源，创造更大的公共价值。五是建立一个稳定、和谐的学校环境，促使教师共同体不断发展壮大，培育出更多的、参与治理的网络结点。

多元参与既是边界，更是一种行动，上述这些行动实质上也彰显了多元参与的实践意义，为教师共同体治理提供了一个行动的参考框架。

尽管多元参与对于教师共同体的治理十分重要，但一些学校领导受传统观念的影响往往把教师参与学校决策当成口号，并没有真正发挥教师在学校决策中的积极作用。在教师共同体建设过程中，一些学校注意到，教师共同体和广大教师对学校事务不同程度的参与，使学校的凝聚力得到提升，而教师也在同伴交流中获得机会，得到成长。多元参与创造了领导和教师交流的机会，为教师和学校的发展提供了很好的对话平台。

网络关系、非正式制度、有限自治、理解与尊重、多元参与构成了教师共同体治理的分析框架和话语系统，它们分别体现了教师共同体治理的思维方式、决策关怀、行动哲学、价值取向和有效边界。它们之间相互紧密联系：网络关系作为一种视野无处不在；有限自治作为核心行动对其他几个维度发挥影响；对非正式制度的关切要体现在治理的各个方面；理解与尊重引领着治理的价值取向；多元参与则承载着各个维度的意涵，建构起治理的边界。这些维度构成一个完整的话语系统和分析框架，勾勒出目前治理理论视野下的教师共同体建设的哲学，指出了教师共同体建设所应注意的问题，并为教师共同体善治模型的建构奠定了理论基础。

第三节　教师共同体治理模式的构建

教师共同体治理模式是指教师之间基于共享和协作的原则，共同参与学校管理和决策过程的一种治理模式。它强调教师的专业发展、学校的发展以及学生的学习成果，旨在构建一个相互合作、共同成长的教育生态系统。

一、教师共同体治理模式构建的关键要素

第一，共同目标与使命。教师共同体的构建需要明确共同的目标与使命，以确保教师的努力朝着共同的方向努力。这可以通过制定明确的教育愿景和价值观来实现，确保所有教师都有共同的理念和目标。

第二，专业发展。教师共同体治理模式的核心是教师的专业发展。教师应该有机会参与专业学习社区，分享经验、教学资源和最佳实践。专业发展可以通过培训、研讨会、合作研究和反思实践等形式来促进。

第三，协作与互助。教师共同体治理模式鼓励教师之间的协作和互助。教师可以互相观摩、合作设计教学活动、共同评价学生作品，并提供反馈和建议。这种协作和互助有助于提高教师的专业能力和教学质量。

第四，反思和持续改进。教师共同体治理模式鼓励教师进行反思和持续改进。教师应该定期回顾自己的教学实践，通过交流和反思找出问题所在，并采取相应的改进措施。这种反思和持续改进的文化有助于提高整个教师共同体的教学水平。

二、教师共同体治理模式构建的实施策略

第一，建立学习共同体。学校可以建立专门的学习共同体，提供教师交流和合作的平

台。这可以通过定期召开教研活动、工作坊和研讨会来实现，让教师有机会分享经验、讨论问题，并进行合作研究。

第二，提供专业发展机会。学校应该为教师提供多样化的专业发展机会。这包括组织教师培训课程、邀请专家进行讲座、支持教师参与学术研究和项目合作等。通过不断更新和拓展教师的专业知识和技能，促进教师的成长和提高。

第三，建立合作文化。学校应该倡导合作文化，鼓励教师之间的合作与分享。可以通过制定合作奖励机制、设立合作基金，以及鼓励教师参与团队项目等方式，营造积极的合作氛围。此外，学校领导也应该提供支持和鼓励，为教师合作创造良好的条件和环境。

第四，引入共同决策机制。教师共同体治理模式需要教师参与学校决策过程。学校可以建立共同决策机制，例如教师代表参与学校决策委员会，开展民主选举产生代表，让教师的声音能够被听到和尊重。共同决策能够增强教师的责任感和主动性，提高整体决策的质量。

第四节　教师共同体实现善治的条件

一、教师共同体实现善治需树立正确观念

教师共同体是适应教育改革与发展的需要而产生的教师组织，它具有全纳性，包含了年龄、性别、教龄、职称各异的一所学校的所有教师。对教师共同体的管理需要改变传统的科层制管理模式，而代之以治理。这种改变需要将教师共同体治理的理论与实践相结合，但教师共同体真正实行善治必须伴之以校长新观念的树立，这是切实实现教师共同体善治的必由路径。本书认为校长主要应理解并树立教师专业化观念、现代治理观念、战略型领导观念和教学改进观念。具备这些观念的中小学校长能够为教师共同体实现善治提供必要的现实条件。

（一）教师专业化观念

校长作为教师中的教师、教师专业发展的引领者，其专业化建设的重要部分就是深刻掌握教师专业发展的理论知识。现在很多校长对教师专业发展观念的理解都是很表层的，满足于人云亦云的表面上的理解。如果校长缺乏专业的理论知识，对教师专业发展的基本理念不清楚，对教师自主发展的重要意义认识不到位，对以实践为基础的教师自主发展的丰富内涵理解不够，那么对以促进教师自主发展为目的的教师共同体的善治也就无从谈

起了。

现在，有些学校的校长并不知道何谓教师专业发展，以为就是备好课、上好课，除了一些新的词汇没有其他值得真正关注的。这样的校长对教师专业发展的认识还停留在形式上。上级要教师做研究，学校就把教师承担课题、写论文发表论文作为教师评价的硬性指标，而并不深究教师做研究的意义和实践价值，这给教师造成很大的心理负担，导致教师职业倦怠，根本谈不上自主发展。合作研究是教师共同体开展的重要活动，这种合作研究往往是根据教育问题和学习问题进行的。校长并不知道合作研究对于教师发展的价值，把研究仅看成是管理教师的指标，一切都要符合学校的规定，使教师难以自由发挥。在这种情况下，教师共同体就没有了自己的空间，不是基于实践问题做研究，只是形式上做研究，如此一来就失去了教师共同体存在的意义了。

同时，教师专业发展理论的一个重要观点就是赋权增能。改革失败的原因主要在于这些改革方案的制订与实施都是自上而下的，忽略了学校、地方的态度，特别是教师的作用。教师应是教育改革的主导者、行动者，而不应被视为学校教育改革的对象。因此，在教师专业化运动中，"教师赋权增能"成为一个重要的选择。校长如果了解这一观点，赋权给教师共同体，将一些权力与教师共享，就会激发教师自我发展的愿望和能量。教师赋权增能的实现可以提高教师共同体参与决策的积极性，提高教师身份的自我认同，从而让教师共同体自主地作出决定，让教师真正具有活动的自由空间。

20世纪90年代始，学校注重从文化、组织、制度等层面研究教师的专业发展，密集的专业交往、对话、合作成为教师专业发展的新内容，教师共同体的建设成为教师专业发展的新形式。共同体并非一层均等铺设在每位个体下的底子，也不是大家最深之处均等共有的某种成分，因此，说不同的个体因为共同体而互相联结，不如说他们因共同体而更了解自己与他人的差异、限度，而共同体内在的统一性，也并非自然存在的，而是在不断陈述与讨论中被形成、再修正、再形成的。

在教师共同体中，教师们在互相认识中认识自己，在互相启发中促进整体的专业发展。这时的教师专业发展已不是与学生、与学校分离的个体奋斗，而是连接学生发展和学校发展的中间环节。因此，只有积极推动教师共同体的建设才能真正促进教师发展、学生发展和学校发展。这是校长必须了解的教师专业发展的新趋势。

与此同时，教师共同体自主发展需要解决教育教学的实际问题。教师的发展也需要校长的示范和引领。校长具有教师专业发展的示范能力是十分重要的，如此校长与教师共同体对话时才会有底气，教师也才会认同校长对教师专业发展的指导。

教师专业发展的观念是丰富的，也是动态的。校长只有不断地学习教师专业发展的知识，才能有与教师共同体对话的基础。重要的是，这种学习应当是基于学校教育教学实践的，不是简单的知识记忆，而是教师专业发展能力的获得。校长只有不断丰富自己的教师专业发展知识，提升专业能力，示范课能上得去，研究课能有新意，听评课能提出有价值的建议和意见，对学生教育能准确、有效，才能与广大教师有共同的集体记忆，才能在实践中发挥对教师共同体的专业引领作用。

中小学教师共同体的出现与发展促进了教师之间知识和经验的交流与分享，提升了教师自主发展的积极性，促进了师生更为积极的教学相长，为学校的进一步发展创造了可能，也对我国教师教育改革产生了积极影响。但是针对教师共同体这种新的教师专业发展形式，学校在对教师共同体的管理上却是一片空白，没有任何现成的理论与成熟的经验可以借鉴。因此，中小学校长在理解和掌握了教师专业发展观念后，如何对教师共同体进行有效管理，使其获得健康稳定的发展，就成为一个绕不开的新课题。在对如何建设和管理教师共同体进行研究的过程中，首先是治理观念的建立。

（二）现代治理观念

如果说校长树立教师专业发展观念使教师共同体得以建立的话，那么治理观念则是教师共同体管理过程中校长需要具备的素质。就教师共同体管理而言，校长首先要加强现代学校管理理论的自我学习。现代教育管理广泛地吸纳了管理科学的最新研究成果，正实现管理理念、方式的重大变革，治理理论所代表的管理新成果正在得到广泛传播。囿于现实的困顿，很多校长感兴趣的是"怎么做"，而对管理理论的学习不重视，习惯指挥，缺乏反思。校长缺乏学习管理理论的兴趣，就不可能实现学校管理的专业化，更谈不上对教师共同体的治理。

校长现代管理理论水平的提高，是实现教师共同体善治的重要条件。学校外部的校长培训机构也应注意加强现代管理前沿理论如治理理论的培训。目前，很多学校形成了建设教师共同体的经验，如北京、上海、重庆、成都、济南、青岛等地的学校都积累了很丰富的经验。学校与学校之间应该重视建设和发展教师共同体的经验的分享。治理理论强调不同主体之间的合作，校长作为一所学校的领导，应该注意促使经验分享的达成。每个学校的情况不一样，也都积累了很多不同的建设教师共同体的经验和教训。不同学校之间对这种经验和教训的开诚布公的分享，能够加快各自学校教师共同体的建设和发展。这种分享是一个反思的过程，也是一个建构的过程。

校长还应该具有一种开放的思想，"请进来，走出去"，对其他学校的好的经验应该注意吸收，无论是请做得好的学校的教师到本校来进行指导，还是组织本学校的教师去做得好的学校观摩学习，都是促进经验交流和分享的好方法。而对于本学校的好经验，也应该主动地介绍和传播，这样才能够形成经验分享的双向互动。这种经验分享的双向互动不仅能够对双方学校产生启发，而且在碰撞交流中会产生出更加适合教师共同体建设和发展的新知识和新做法。

在信息化社会，信息的交流是发展能量产生的必要条件。因此，不同学校之间分享建设教师共同体的经验是推动教师共同体建设的一个有效且必要的途径。

校长作为一校之长，对教师共同体的善治负有第一位的责任，不断学习现代管理理论和教师专业发展知识，提高自身的专业化水平，是促进教师自主发展，推动教师共同体建设的领导上的保障。我国中小学校长是一支很优秀的管理队伍，只要具备现代管理理念，坚持制度创新，抓住教师自主发展这个关键问题，抓住教师共同体的建设不放，正在发展中的具有各种不同称谓的中小学教师共同体就会大有希望。

（三）战略型领导观念

改革开放40多年以来，我国中小学校管理制度发生了很大变化，各级政府对于学校的管理方式正在由"集权"向"分权"过渡，学校管理权限的下移和校长负责制的实施为学校的自主发展提供了制度空间，使学校获得了较大的管理自主权，为学校自主制定发展规划奠定了基础。

近年兴起的战略型领导是一种关于领导的理论，该理论为学校改革，特别是在将教师共同体作为核心要素制定和实施学校发展规划方面，提供了新的视野和深远的思考空间。

1. 战略型领导理论的内容

战略型领导理论涉及许多内容。对战略型领导概念和战略意图的理解，是该理论的主要内容。战略型领导是对组织总体的目的和方向的把握，引领组织中整个战略的制定和实施，而战略意图是战略型领导理论的一个先行概念与组成要素。

战略决策的制定是一个社会过程，在这个过程中会有很多代表不同群体、意见不一的人的参与，因此，他们必须在一个相当长的时间内相互沟通和协商来达成一个多数人满意的决策。在这个过程中必定涉及技术疑难解决、社会调节、政治交易和协商，以及组织层面的交流等子进程。不同的组织背景下的决策制定更多地依赖于跨部门的、部门与组织和群体的交流，而不是两三个关键人物之间的行为或互动。

还有很多环境因素也会对战略决策过程产生影响。领导在作出决策时不仅需要对组织内部的成员施加影响和进行控制，而且需要对外部环境因素进行控制。

战略决策的这些特点对领导在战略的制定和执行方面提出了特殊的要求，要求他们必须能够适应剧烈变化的环境，在充满弹性和界线不明确的环境中解决问题。而以往的很多关于领导的研究没有涉及这种决策制定的背景，因此限制了在战略决策环境中的应用。而战略型领导恰恰是在这种决策背景中产生的。

综上所述，本书尝试把应用于学校领域的战略型领导定义为：战略型领导是对学校整体方向的把控和核心目标的建构，是在对诸多的关系的理解与协调的基础上形成战略决策，引领学校整个战略的形成和实施的一种领导形式。

2. 战略型领导下的学校发展规划

把战略型领导理论引入学校发展规划，意在使学校发展规划着眼未来，具有战略意图。

（1）赋予学校发展规划战略性。传统的学校发展规划没有战略性：它们只有以简单描述或列表形式出现的活动、课程、安置职工、配置设备等，而没有把这些活动围绕着学校的核心目标整合在一起。

战略型领导者不只是关心现在，他同样还要确定学校在未来的走向，因此，他需要为学校的发展设定方向。战略型领导理论使学校领导在制定学校发展规划时能够对未来进行考虑，在充分了解组织当前背景的情况下，根据学校的核心目标确定学校在未来 3～5 年内需要重点发展的领域，提高学校未来在这些领域的应对能力，使学校发展规划不再是一个细节的操作规划，而是既有长期的对学校重要领域能力的提高与改善的规划，又有短期的操作规划，使学校的教职员工在专业领域内工作的同时，又能为整个学校的发展做贡献。

（2）强调参与，使学校发展规划的制定能够真正获得各方面的智力支持。战略型领导理论的一个重要观点就是增强分权式领导，而增强分权式领导的关键要素之一就是强调战略对话，在教师共同体中发展战略愿景，强调战略参与，让教师参与战略制定过程，理解并接受学校决策的战略定位与战略视角。

根据这种观点，学校领导应当利用各种方法创造机会，积极与教师共同体沟通交流，动员广大教师员工参与推动学校发展的核心议题，以及将来这些议题该如何开展的讨论，从而促使学校形成一种良好的文化氛围，教职员工在这种文化氛围之中，可以开诚布公地讨论那些有关学校目前的情况和今后发展的问题。这种战略对话的目的就在于鼓励更多的人员参与讨论学校今后的发展问题。参与的人越多，那么学校从这种高质量的讨论中获得的信息就越多，受益也就越大。教师参与支撑着学校内部的角色转变，这种转变的标志是中层管理人员拓宽角色，由执行角色过渡到创造与协商的角色。这样做也能够使教职工具备宽阔的视野，承担更大的责任。这有助于解决当前学校发展规划中存在的参与人员过少、全凭校长主观决断的问题。

（3）重视规划向实际行动的转化。决定做什么和实际做了什么是很不同的。一所学校可能有很多具有说服力的书面规划，而这些规划却没有结出硕果。我们应该考虑一种战略方法能够有效地将规划转化成实际行动。战略型领导理论十分重视如何使规划转化为实际行动，它除了使校长能够构建适合组织的战略以外，还能够把战略转换为可操作的行动。战略型领导理论提出了把战略发展规划转化为实际行动所应注意的问题：一是限定战略目标的数量，这样才能够把注意力集中在有限的战略目标上，从而真正实现它们；二是把目标转化成短期性的各种活动，这样可以通过各种活动来影响当前的行为，从而使现实行为和长期的战略框架建立起联系；三是经常强调战略的关键要素，表明对达成战略目标的执着努力；四是让战略成为一个持续的过程，而不是在表述之后就弃之不顾，它要有一个不断反思和发展的过程。

3. 战略型领导理论对学校发展规划的要求

（1）建立战略视野，突出学生和学生的学习。学校战略型领导者需要运用长远的思考在学校中建立一种着眼于未来的观点。战略的功能在于把组织精神上的目标和愿景转化为现实。学校领导者描述的组织在精神上的目标，可以被认为是"我们为什么做我们做的事情"。组织精神上的目标的基础价值是与"我们想要成为什么样和我们的组织在未来想要成为哪种组织"的愿景考虑相连的。战略规划要确定学校中长期发展的方向，而不是短期行为，这是学校发展规划制定应当注意的问题。

领导者需要从学校的日常活动中退出来，着眼于更大的范围，考虑整个学校的问题。正是这种不断向前寻找新的和更好地做事情的办法的驱动力，使战略型领导者明显区别于事务型管理者。

了解现在学校的情况，可以被称为"向后看"，它与使学校向新的方向发展的"向前看"的能力相伴而生。如何平衡"可能的"和"想要的"对战略型领导者来说是个挑战。战略型领导不仅需要这两种"看"的能力，他们还需要第三种，就是关键的使战略变为现实的能力。学校的战略领导者把战略和有关具体操作的决策置于未来的情境之下是很重要的。学校需要审视未来的长期环境以确定自己发展的思想和方向，而这些思想和方向则将形成学校未来的战略议程。学生是其中必须考虑的重要因素。面向未来的思考不应是关于未来的一些抽象空洞的陈述，而应与学生密切相连。

（2）建立战略意图，明确发展方向。在编制学校发展规划过程中，建立战略意图是很重要的。战略型领导可以处理那些能够预测的挑战或活动，发展新的具有战略意图的学校发展规划框架。

首先，全球化趋势会对学习和学校产生重要的影响。学校领导需要根据全球化趋势运用战略思维建构学校未来的前景。传统的学校发展规划是一厢情愿地编制详细的发展目标和工作安排，而没有考虑作为复杂系统的学校，其发展有多少未知的、不确定的因素。为此，建立战略意图是很重要的。这种战略意图没有那种一味试图编制详尽计划的狂热，而是聚焦于学校发展关键领域的能力建设。

原来的学校发展规划可以被描述为一种操作目标，是为了适应政府的需要而建立的操作目标。因此，原来的学校发展规划不能称其为发展规划。

一些学校的发展规划考虑更多的是投入，而并不是与教育成果直接相连的那些要素。从战略领导理论看，学校发展规划必须转换成直接与教育成果相连的形式，使学校的核心目标——学生的学习效果成为学校发展规划的重要领域。学生进步和学习成绩是制定学校发展规划的首要依据，其他都是围绕着这个中心的支持性依据。这是战略性学校发展规划值得关注的一个特点。战略型领导者要为学校在主要方向上的发展制造推力并使学校能够把握住特殊的机会，且当机会来临时机会本身也能与这种推力发生某种反应。这还涉及放弃的思想，即为适应新的方式应当放弃一些活动，所谓有所为而有所不为。战略领导者的一个关键特点可能就是直觉与判断力，这两者能使他们做到选择最适宜的时间去实现改变。最后，领导者不仅要把握机会，还应是个乐天派，他们要对未来抱有积极的心态。

我们可以发现战略型领导理论是对原有学校发展规划的反思与批判，该理论给学校制定发展规划指明了方向。

（3）建构发展规划，形成学校愿景。战略型领导者的大脑中应有一张关于组织现存状态和位置的清晰且细致的图画，他们能够想象出未来这张图画需要怎样加以变化。他们运用知识构建出一种组织需处在哪里的远见。然而，在将远见转化成现实的时候，他们要能够将图画和远见同他人交流，以便让这些人参与到制定组织未来发展方向的过程中去。他们通过工作实现合作，并建立约定、形成做事能力。这大体上是一个激励学校全体教职工的过程，在这一过程中要让他们相信为实现改变和发展而设定的目标及任务。

总而言之，战略型领导理论首先强调战略意图的形成，这种战略意图不同于以往的发展规划，它致力于学校的深刻改变，其视野广阔，重视发展时机的把握。这一理论将学生和学生的学习作为战略思维的要素，注重经过与教师沟通、交流后建立愿景，重视成功文化的培育，强调选择重点发展的领域。只有站在战略领导理论的高度上，而不是在事务主义的琐碎中，才能谈得上对教师共同体的治理。

（四）教学改进观念

中小学校长积极通过各种途径促进学校的改进与发展。他们有些时候精力集中于学校经费问题，有时又看中校容校貌，企图通过这些方面的改进推动学校的发展，并提升政绩。其实，任何一种有价值的学校改进最终都应当反映在学生的健康成长与和谐发展上。

育人为本，是校长必须牢牢把握的基本原则。正因为如此，教学作为育人的中心环节，应当是校长时刻关注的事情。教师共同体是实施教学的主体，它们就在教学实践中，在与学生的日常互动中，培养学生的综合素质。深入教学实际，聚焦教学，方能真正实施对教师共同体的治理。

从某种意义上讲，学校改进是指把精力集中于教学变革和它所需的支持条件上以提高学生成绩的努力，它是变革期间为提高教育质量而改进学校能力的战略手段。学校改进发端于 20 世纪 70 年代末至 80 年代初经济合作与发展组织提出的"国际学校改进计划"。20 世纪 80 年代后期至 90 年代中期，随着学校效能研究的兴起，人们把学校改进与学校效能联系在一起，产生了各种各样的学校改进方案。20 世纪末至今，人们开始追求学校的内涵式发展，研究者们从学校的组织文化、领导者的理念、教师的专业发展、学校的组织结构和制度、教学内容和教学方式等方面进行研究。

学校领导作为学校的管理者，在学校改进的过程中具有无法替代的重要作用。但学校领导不同于其他行业的管理者，他们管理的中心不是取得最大的经济利益，而是学生在校的学习成绩和未来的发展。由此，应遵从以下建议。

第一，学校领导应该能够根据外界情况的变化相应地调整自己的管理方式和方法。长期以来，学校领导在管理过程中，往往会忽视学校周边的社会、经济以及文化环境的巨大变化。而且，我们经常看到，尽管学校的教学环境由于各种政策的改变而发生很大的变化，但这对学校领导的管理实践却并没有产生任何影响。

教师和行政人员的专业化也是教学改进的一个重要环节。学校领导应把更多的精力投入在学校全体人员的专业发展上，提高教师和行政人员的专业化程度。进行学校改进的一个前提是教师和行政人员的专业化，如果没有很好的专业化水平，改进将很难继续进行。在学校进行系统改进的最初阶段需要很多专业知识。这其中包括一部分技术知识（教学专业知识，以及促进成人学习的实践知识），一部分管理知识（关于组织设计和资源分配的知识），还有一部分社会/政治知识（关于如何能够随着时间的推移不断地使制度与改进战略的需要相连的知识）。

第二，学校的领导方式应该采取分布式领导。采取分布式领导的方式可以通过赋权使学校的教职员工注意到他们的教学实践与自己及学生学习之间的联系。分布式领导其中一个深刻的内涵就是教学实践的复杂性要求人们在一种网络中进行实践，在这个网络中，人们的知识是共享的和相互补充的。在这种网络中进行实践，人们能够发展他们自己的技能，并且对其他人知识和技能的发展作出贡献。

第三，学校领导应该能够做到问题共享，在与同事共同探讨问题的过程中引导教职员工对学校工作和目标达成一致意见。在学校的改进过程中，学校领导应该持有一种开放的心态，在遇到问题的时候应该与同事共同研究，切不可刚愎自用。改进的过程是一个探索未知的过程，即使是学校领导也不可能事事都懂，因此，对于领导来说更重要的是引导学校的教职员工对工作和目标达成共识。

二、教师共同体实现善治需合理进行设计

近年来，在学校的实践中也产生了一些团队参与决策的新形式，例如以教研组（备课组）、教师发展中心、学术委员会等为单位参与学校治理。这些机构可以是常规的组织，也可以是一事一议的临时机构。随着团队参与逐步盛行，可以通过设计团队组织结构和规则，以团队为单位参与学校治理，共同分享利益和承担责任，改变个人参与群体决策的困难现状。

（一）教师团体的组织设计

目前学校教代会的做法是基于部门，但基于部门的组织并不一定能形成团体。团体的定义是一个共同目的、利益或娱乐而联合或正式组织起来的一群人，为达成特定目标/任务结合在一起的两个及以上的个体所组成，其彼此间具有相互依赖的互动关系。对于团体来说，共同目的和相互依赖是主要特质，但它并不一定存在于所有组织。

从中小学教师的现状来看，团体常见有几种划分方式。第一，以部门为维度，例如教师发展中心、学生成长中心、课程建设中心、学业评价中心等每个部门一个组织；第二，以年级组为维度，每个年级一个组织；第三，以学科为维度，例如语文教研组、数学教研组等一个学科一个组织；第四，以教龄为维度，例如入职 5 年的新手教师、5~10 年的发展型教师、10~15 年的成熟型教师等；第五，以职称类别为维度，例如教师类、社科类、其他类等。

以部门为维度划分并不适合教师的全面参与，大多数教师以教学为主，不在学校任何职能部门任职，以部门为维度的分类本质上是学校中层以上干部的参与决策；以年级为维度进行划分其共同目标和共同利益不强，学校无论是事务性工作还是争取荣誉的权益性决策，很少在年级维度上有特别倾向（中学毕业年级除外），以年级为维度的分类本质上还是"大锅饭""与己无关"的组织；以学科为维度的划分，优缺点兼顾，优点是组织内部的共同话语和共同目标较强，无论是申请项目经费、申请课题研究、构建校本课程，还是争取赛课名额、推优评先名额都有一定力度，缺点是组织内部竞争较大，大学科和小学科的平衡有待进一步关注；以职称系列为维度的划分，在中小学学校存在的情况较少，中小学大多是以教师系列为主，较少涉及其他系列，但在中职、高校或者有教育科研职责的学校可能涉及其他非主系列职称，以职称系列为组织划分，可以更好地表达他们的诉求，否

则小职称系列的教师发展无人关注。以教龄为维度的划分，可能是符合中小学教师发展期待的创新，在学校信息技术和教育改革不断发展的当下，教师年龄差异带来的问题日渐突出，青年教师的发展需求和问题与年长教师的发展和问题共同点甚少，他们的目标、任务和发展规划几乎没有共同利益。若不同教龄的教师划分为不同团体参与学校决策，第一，能使青年教师的声音更受到关注；第二，在培训、课题、教学等任务上，不同教龄的老师起点和需求不同，更容易促使决策分层实施；第三，在团体内部竞争上，同一团体的教师处于不同学科、不同年级，其重点竞争对象未必是组织内部的教师，更有利于团体内的互帮互助。

但团队人数不宜过多，对于集团大校而言，可能还需要结合多种团队划分方式，例如语文学科新教师团队、数学学科发展型教师团队等。只有人数控制在小范围内，才易在团体内达成共识，并积极参与到决策投票中。

（二）团队参与的规则设计

现在的多元参与，虽然也是从全体中选出代表来进行决策讨论，但代表一旦选举完成，他们是否再听取群众声音，是否代表全体发言，是否顾及公众利益就不再受到约束。因此，教师代表参与学校治理并不等同教师参与学校治理。

若以团体为单位进行沟通，将原本"选举—固定代表参与"的形式转变为"划分团队—团队集体商议—任意代表参与"的形式，将中国式集体主义精神替代个人主义利益，用中国式团结形式联合编制教师、劳务合同教师、临聘教师、轮岗教师形成统一战线。划分团体后的教师数量不多、空间距离近，适合团体商议后进行提案，团队里的任何人都可以作为代表陈述团队意见。不同身份的教师集合在一起，平等参与，共同议事，既可以应对学校教师身份多样性的趋势，又可以解决教师流动性增强的问题。无论团队里的教师何时流动，都有其他团队成员可以就学校治理事项进行商议。在以教师教龄、学科这样的客观标准进行团队划分时，随着时间流逝，团体成员的教龄增长、学科老师的轮岗，其流出与流入是可规划的动态管理。

教代会的代表参与决策是用举手投票的方式进行，个人代表往往碍于共事的情面和领导的压力，不愿个人选择与大家不同，而在不认同的方案上举手赞成。以个人力量少数对抗多数是不符合国人集体主义精神的，可是，个人意愿的无法正常表达又让教师参与学校治理的美好期待陷入僵局，最终成为形式主义。

团队参与决策，共同享受权益并共同承担风险，真正发挥其中国式集体主义精神。若以"团体投票"代替"个人投票"的形式，将增加团体争取权益的力度。以新手型教师、发展型教师、成熟型教师等团队为例，学校形成相关制度若不利于某类型教师发展，教师个人代表中即便按年龄选举有其一席之地，但在少数服从多数的大条件下也不敢发声反驳。若团体认为该制度不利于某类型老师的发展，那么作为团体发言人可提出反对意见，促使学校不得不认真听取此类型教师的心声，调整更理想、更适合的决策方案。

第六章　学校治理的现代化实践路径

第一节　学校治理现代化任务与路径

学校治理是指以学校为主体的教育治理。学校自主办学，意味着政府和教育行政部门放权、授权、赋权给学校且学校办学主体地位得以落实之后，学校如何实现自主办学。学校治理现代化，需要在依法确定学校办学主体地位的基础上，进一步扩大学校办学自主权，促进学校自主发展，成为自主的学校；同时，进一步优化学校治理结构，逐步完善学校协商民主决策机制，鼓励和支持广大师生员工积极参与学校公共事务，使学校成为民主的学校；实现开放办学，调动家庭、社区和社会组织的力量和资源共同办学，使学校成为开放的学校。

一、自主学校治理现代化任务与路径

自主办学[①]是教育管理体制改革的内在要求，学校必须面向社会，成为真正的办学主体和独立的法人实体。《中华人民共和国教育法》规定，"学校及其他教育机构具备法人条件的，自批准设立或者登记注册之日起取得法人资格"。这在本质上表明了学校的法人主体地位。学校法人身份所具备的权利应该包括法律规定的所有权利，这就保证了学校拥有自主办学的权利。学校的法律权利仅仅是学校自主办学的法律依据而非全部内容，如果把学校的法律权利当作自主办学权必然会丧失不同学校的办学个性和特色，结果导致千篇一律、千校一面的办学困境。学校自主办学，一方面，要求学校有自主办学的空间；另一方面，学校需要有自主办学的能力与机制。就前者而言，要求政府真正转变职能，尊重学校自主办学的主体性，从政策和制度上保障学校自主办学的身份和地位，创新学校管理机

---

① 自主办学，是指学校根据法律和社会需要，独立地举办学校、进行决策和开展各项工作，特别是独立决定办学目标、人员聘任、资金使用和课程设置的行为。

制，激励学校的创造性和能动性，促进学校自主办学的落实。就后者而言，学校要采取各种措施不断提高自身自主办学的能力，发扬学校的独立精神，发挥主动性和能动性，逐步从不成熟走向成熟、从依赖走向独立。

影响学校治理、办学活力激发的问题仍然是"对学校管得太多、干扰太多、激励不够、保障不够等突出问题"。教育治理现代化，需要深化教育体制机制改革，着力破解影响和制约中小学办学活力的困难和问题，这就需要各级党委政府和教育行政部门"深化教育'放管服'改革"，在进一步厘清政府、学校、社会的教育责任基础上，首先，加大政府"放"权力度，各级党委、政府相关部门、教育行政机关内部不同职能部门，需要打破部门壁垒，应放尽放，针对不同学段、不同类型、不同规模学校的实际情况，稳步地、持续地放权、授权、赋权给学校。其次，"完善宏观管理"，依法依规明确党委政府和教育主管部门对学校的宏观管理责任，通过制定宏观教育发展规划、学校建设标准、教师专业发展标准、课程标准等各级各类教育标准，引领学校教育发展，规范学校办学行为；通过教育现代化监测、教育质量监测、教育督导评估，加强对学校重大决策、师德师风建设、教育教学行为、教育质量、整体办学水平等方面的事中事后监管，优化不同责任部门对学校的检查监管行为，构建差异化的监管方式，减少对学校日常教育教学的干扰和影响。最后，转变政府职能，强化政府对学校的教育服务功能，在依法依规优先保障学校基础设施、经费投入、教职工配备等教育教学基本需求基础上，进一步完善学生平均公用经费持续增长机制、编制动态调整机制、教师绩效与奖励激励机制、政府购买服务机制，主动为中小学服务，为激发办学活力提供强有力的保障与支持。

此外，要明确学校是办学的主体，确立"学校的事情学校办"的教育理念，完善相关教育法律与制度，保障中小学办学自主权，落实学校办学自主权的主体地位，让每一所学校有活力。这就要求学校在变革实践上，进一步加大章程建设与制度建设力度，科学编制学校办学自主权清单，通过学校章程的制定与完善，厘清不同利益主体、不同职能的组织参与不同的学校公共事务的权责及相互关系，明确学校具有哪些办学自主权，明确作为学校法人代表的校长、中层干部和广大教师应该行使哪些办学自主权，如何行使这些自主权。同时，要求学校从学校发展的历史、现状出发，科学规划学校的未来改革与发展，进一步提炼办学特色、办学模式，从而使我国学校发展呈现个性化、多样化的发展态势。依据《关于进一步激发中小学办学活力的若干意见》，当前我国中小学需要进一步落实、扩大的办学自主权主要体现为以下三个方面。

第一，落实教育教学自主权。保证学校教育教学的自主权，是中小学在教育教学方面的主体地位的体现，是广大中小学教师专业自主性的体现。学校在严格落实国家课程方案和课程标准的基础上，遵循教育规律和学科教学基本要求，自主安排教学计划、自主运用教学方式、自主组织研训活动、自主实施教学评价以及自主统筹实施跨学科综合性主题教学。学校要为广大教师安心、静心、舒心、专心教书营造良好的教育教学环境，同时，结合本地本校实际，办出特色、办出水平，高水平地实施国家课程，科学构建校本课程；广大教师需要充分发挥专业自觉性，彰显教师在课堂教学改革中的主体作用，大胆创新和改进教育教学方法，积极探索符合学科特点、时代要求和学生成长规律的教育教学模式。为保障学校教育教学自主权的发挥，尊重和保障学生的学习自主权，还需要大力精简、严格规范各类进校园活动，有效排除各种非紧急、非必要的社会活动对学校正常教育教学秩序的干扰。

第二，扩大中小学人事工作自主权。扩大学校人事工作自主权，是理顺学校内部管理机制和育人机制的重要基础。扩大学校人事工作自主权，需要重点破解困扰中小学的诸如副校长聘任、人员招聘、岗位设置以及绩效工资分配等问题。为此，需要进一步扩大中小学在副校长聘任中的参与权和选择权，积极探索由学校按规定的条件和程序提名、考察、聘任副校长的机制；扩大学校聘任中层管理人员的自主权，赋予学校自上设置内设机构、自主择优选聘中层管理人员的权力；尊重和发挥学校在教师公开招聘工作中的重要作用，扩大学校的教师招聘参与权，各地区积极探索在学校先行面试（"面试前置"的基础上组织招聘，具备条件的学校可自主按规定组织公开招聘）的机制；扩大学校职称评聘自主权，中初级职称和岗位由具备条件的学校依据标准自主评聘，高级职称和岗位按照管理权限由学校推荐或聘用，形成和完善"能上能下、能进能出"的用人机制；扩大学校绩效工资分配权，新增绩效工资总量主要用于奖励性绩效工资分配，赋予学校在考核的基础上自主分配奖励性绩效工资的权力，充分激发和调动广大教职工的工作积极性。

第三，落实中小学经费使用自主权。学校经费使用的自主权，体现在学校按照有关规定和需要，自主提出年度预算建议，自主执行批准的预算项目，通过进一步完善学校公用经费使用管理办法，加大学校经费使用自主权，以及学校依法依规自主使用社会捐资助学的经费。如此，从教育经费的预算、执行、使用等方面加大了学校根据教育教学需要自主使用教育经费的权力，从而可以提升学校教育经费的使用效率，也确保学校将经费用于学校发展最需要的地方，最大程度发挥教育经费的使用效益。

二、民主学校治理现代化任务与路径

在教育治理过程中，政府简政放权，尽可能把相关权力下放给学校；对于学校而言，拥有办学自主权只是学校治理的第一步，重要的是用好它们。以学校为治理主体，教育治理最根本的特征是民主化。教育治理是一种集体行动，各种不同教育治理主体的利益诉求要能够得到充分表达，教育决策、教育政策和教育立法得到充分论证。民主参与是基层民主、直接民主、协商式民主，也是实质性民主，是相关主体直接表达与维护自己的"实质性的利益诉求"。

学校的民主决策，依托学校领导体制以及与之相应的权力结构与权力运行机制。中华人民共和国成立以来，我国中小学内部的领导体制几经变革，先后实行过多种领导体制。中华人民共和国成立初期，我国中小学实行校务委员会制，由推选的先进教师代表组成校务委员会，按照集体负责、民主管理的原则管理学校事务。因此，建立与完善学校内部治理结构体系，要从组织与制度规范上激励、促进、保障不同利益主体能够积极地、主动地、创造性地参与学校事务的共同管理，是学校治理的题中应有之义。与对校长权责的要求相对应的，是对校务委员会等学校内部治理结构的要求。

《关于建立中小学校党组织领导的校长负责制的意见（试行）》则将议事与决策融为一体，要求建立健全议事决策制度。学校的议事决策制度，主要包括党组织会议制度和校长办公会议（校务会议）制度。一方面，发挥中小学校党组织领导作用，学校党组织实行集体领导和个人分工负责相结合的制度，凡属重大问题都要按照集体领导、民主集中、个别酝酿、会议决定的原则，由党组织会议集体讨论作出决定。党组织班子成员根据集体的决定和分工，切实履行职责。另一方面，支持和保证校长行使职权。校长在学校党组织领导下，依法依规行使职权，按照学校党组织有关决议，全面负责学校的教育教学和行政管理等工作。学校党组织会议讨论决定学校重大问题；校长办公会议（校务会议）是学校行政议事决策机构，研究提出拟由学校党组织讨论决定的重要事项方案，具体部署落实党组织决议的有关措施，研究处理教育教学、行政管理等工作。学校党组织会议和校长办公会议（校务会议）要坚持科学决策、民主决策、依法决策。讨论决定学校重大问题，应当在调查研究基础上提出建议方案，经学校领导班子成员特别是党组织书记与校长充分沟通且无重大分歧后提交会议讨论决定。对涉及干部工作的方案，在提交党组织会议讨论决定前，应当在一定范围内进行充分酝酿。对事关师生员工切身利益的重要事项，应当通过教职工大会（教职工代表大会）或其他方式，广泛听取师生员工的意见和建议。对专业性、技术性较强的重要事项，应当经过专家评估及技术、政策、法律咨询。会议决定的事项如需变更、调整，应当按照决策程序进行复议。

总而言之，教育行政部门在向学校下放自主权的同时，需要进一步鼓励和引导学校党政领导向教师、学生、家长和社会让渡权力。学校中，参与共同治理的利益主体包括学校党政领导、中层干部、广大教师、学生，各级党、团、队、工会组织，教导处、德育处、总务处、年级组等职能部门，校务委员会、专家咨询委员会、家长委员会等平台，以及党政联席会、校长办公会、教职工代表大会等，还包括学校之外的家长、社区与相关社会人士，学校需要着力推进多元共治平台建设，推动中小学全部建立家长委员会和校务委员会，逐步建立起教师、家长、学生、社区代表和专家参与的学校治理机制。协商民主作为教育主体利益表达、沟通与协调的重要机制与方式，能够为学校治理中各主体达成价值共识与行动一致提供基本的协调渠道与策略。在学校治理过程中，为实现教育公共利益的最大化，每个参与者都可以自由表达意见，公开讨论、辩论，通过协商达成共识，借此纾解主体间的利益分歧，增进学校改革的凝聚力，形成学校发展合力。健全决策程序，要求学校重大决策要符合公众参与、专家论证、风险评估、合法性审查、集体研究决定等程序，按规定需经校务委员会、教代会、家委会等讨论通过的事项，在校长办公会决策前必须组织召开相应会议专门听取意见。推进教师学生自治组织建设，通过设置校长学生助理、值周校长，成立教师或学术委员会等形式，推动实现学生自我管理、教师学术自治等。

三、开放学校治理现代化任务与路径

基于公共治理的学校，在其办学过程中是面向社会的一个开放性的系统。学校系统的开放，意味着学校除了在内在运营机制上充分调动学校内部各利益主体的积极性与创造性，还要在学校—社会关系上，充分挖掘、激发、调动一切有利于学校变革与发展的社会力量，共同参与到学校发展进程当中。学校的系统开放主要从以下方面探讨。

第一，表现为校务公开与透明。学校要积极推进校务公开，建立健全校务报告制度。学校教育作为现代公共教育服务体系，其治理过程理应公开透明。教育治理的透明度特征要求其信息的公开性，也就是说，教育利益相关者和社会公众对教育治理信息享有知情权，有权获知政府信息和学校信息，信息透明度越高，校务公开越充分。唯其如此，多元治理主体才能更有效地参与治理并监督治理过程。校务公开包括对学校内部师生员工的内部公开，以及面向社会的对外公开。校务公开对推进学校民主参与、民主管理和民主监督的制度建设，增强师生员工正确行使民主权利和履行民主义务的意识，发挥师生员工建设发展学校的主人翁精神，调动社会力量参与办学，有效推进学校改革发展进程，发挥着重要作用。因此，学校可以通过网站、公告栏、电子显示屏、校内广播电视、书面信函等传统形式和腾讯 QQ、微信、微博、邮件等新兴方式，利用校务委员会、教代会、家长会、座谈会、恳谈会、听证会等机制，公开学校的基本情况、学校现行规章制度及办事流程、学校发展规划及年度计划、学校招生及学生管理、学校收费、教科研工作、人事招聘与管理、物资采购与基建，以及学校经费收支、学生安全等方面的信息。学校应该每年编制并通过线上和线下面向社会发布校务报告，介绍学校上一年度各项活动，列举学校在各个范畴内的办学成绩，供社会公众和家长参考，使关心教育的公众都能获得有关学校的信息。

第二，善于利用各种社会资源办学。我们往往从"管办评分离改革"的"评"上将社会参与教育事务理解为社会参与学校教育评估，这实际上是对教育治理的"误读"或

"误解"，窄化了社会组织参与教育的内涵与外延。社会组织参与教育涉及社会资本参与办学、社会组织参与教育服务和学校评估等多个方面。除社会资本参与办学以外，随着德智体美劳"五育融合"改革的不断深化，学校对艺术、体育、劳动教育、研学实践、科普教育等专业化的教育资源供给的需求日益增长，学校可以通过购买服务的形式引入社会专业组织的教育服务。

第三，主动接受社会的监督和评估。在建立以校本管理为基础的学校自主发展制度过程中，社会组织具有参与管理、共同决策、权力制衡、绩效责任等功能，社会组织承担评价监督职能，体现权力制衡。社会组织可以对学校的教育教学质量、学校形象及教师的师德、业务水平乃至校长的工作予以评价，对学校办学行为和学校管理团队的执行能力发挥监督作用。学校教育评估包含学校自我评估、政府层面的教育督导监测评估以及社会教育评估机构的参与评估等多种形式。单就社会组织参与学校评估而言，又涉及政府或学校根据学校改革发展的实际需求，以购买服务的方式引入社会组织对学校教育教学、教师发展等专项评估以及学校整体办学水平的综合评估。当前社会组织参与教育服务的主要任务是，积极培育和大力发展具有专业资质的社会教育组织，规范服务质量标准，丰富专业化、高水平的教育服务供给；建立与完善政府或学校购买教育服务的程序与规范，保障社会组织参与教育服务的畅通与高效。

综上所述，学校治理现代化的主要使命是释放不同教育利益主体参与学校教育的活力。为此，需要厘清不同教育治理主体的权责关系，建立与完善不同治理主体间的良性互动。在前期基于管办评分离的教育治理改革试点所形成的实践模式及其所取得经验的基础上，如何在推进简政放权、放管结合的同时，保障和促进学校真正实现基于教育专业精神的自主管理与自主发展，培育、规范、调动和促进校内外一切有利于学校改革发展的资源和力量，完善其参与教育的程序与责任达成机制，仍是当下学校治理的艰巨任务。新时代的教育治理现代化，要突破基于实际教育问题的点状改革，致力于基于制度优化与完善的教育治理长效机制建设，提高学校治理效能。教育治理效能是组织和管理国家教育事务的各项制度在实践中得以贯彻执行的实际程度，是教育制度执行力的现实体现。中国特色社会主义教育制度体系的形成与发展是一个持续推进和不断完善的过程。面对人民群众日益增长的优质教育需求与优质教育发展不均衡不充分的新矛盾、新挑战、新需求，需要着力固根基、扬优势、补短板、强弱项，坚持和完善中国特色社会主义教育制度，着力建设推动教育事业高质量发展的必备制度、急需制度，以形成构建系统完备、科学规范、运行有效的学校教育制度体系，以教育制度优势保障和促进教育治理效能的达成与提高。

第二节 学校现代化治理体系的构建

为了办好人民满意的教育，高质量推进素质教育发展势在必行。深圳市宝安区清平实验学校稳步开展学校治理体系的探索与实践，变管理为治理，放权赋能，凝心聚力，分享共治，充分调动学校相关资源，取得了一定的治理成效。下面以清平实验学校为例，并根据"治理"理念，为实现学校治理目标，首要任务是建立健全一套完整有序、合法有效的学校治理体系。清平实验学校从治理结构、治理功能、治理制度、治理方法、治理运行五个方面构建治理体系。

第一，治理结构体系。首先，学校探索建立的治理结构明确了多元化、负责任的治理主体。其次，学校厘清了各个主体的权限和各自的边界，建立了边界清晰、分工合作的多元主体和谐关系。党支部、校长联席办公会议为学校最高行政决策机构，对学校的管理及教育教学相关工作进行决策和部署；设行政服务中心、教师发展中心、学部作为执行机构，具体执行各项决策；设学校理事会、学生代表大会（学生会）、教职工代表大会、家长代表大会（家委会）作为咨询与监督机构。

第二，治理功能体系。当党支部、校长联席办公会议通过重要决定后，学校依程序召开各方会议。学校理事会的各方代表可根据自身的专业水平和利益，针对决策发表意见和建议，持续监督决策落实。教职工代表大会是重要的表决与监督机构，凡与教职工利益相关的制度、事务，均需大会投票审议通过。学术委员会有一定的独立性，有建议权和监督权。家长代表大会是发挥家长力量的重要机构，通过家长评价机制参与和监督学校治理，实现家校之间的良性互动。

第三，治理制度体系。明确治理主体及功能之后，要保障治理体系有效运转，必须构建一套完备的制度体系。首先是学校章程。学校出台了《学校章程》作为治校的纲领性文件，明确了学校的办学文化体系、治理结构、管理机制等相关整体原则和总体制度。其次是学校制度和组织条例。在开办之初，学校就出台了《学校制度汇编》，明确了相关各部门职责和办事条例，规范细化了学校管理制度和组织条例，为各部门的日常管理提供了明确指引。最后是协作制度体系。学校在制度中明确各主体的协作原则，建立沟通交流渠道，在互动合作中提高效率。

第四，治理方法体系。学校治理是一个综合系统，需要科学合理地运用多样化的方法，提高综合系统的效能。清平实验学校秉持"守法尚仁"的校风，实行"仁治"与"法治"相结合的治理方式。以仁治校是实施学校民主化治理的主要策略。在清平实验学校，学校领导以爱容纳，以德感化，创设和谐氛围，鼓励教师积极投入和参与学校治理。学校倡导每一位教师"有教无类"，用爱心滋润每一个学生的成长，鼓励每一个学生都能成为最好的自己。在学校治理中实行法治，就是依法治校，维护各方合法权益。实现依法治校的根本是依学校章程治校。清平实验学校自创办以来，按照权力分享和民主原则制定《学校章程》，弘扬"守法尚仁"的校园精神，维护各方合法权益，努力创设文明、有序、安全、稳定的校园环境。"仁治"与"法治"相辅相成。实行"法治"为"仁治"建设提供强有力的保障，建立的制度条例让办学有章可循、有制可依；弘扬"仁治"为"法治"注入了人性化的温度，教师们在爱与尊重的氛围中工作，实现自身价值，学生在爱与关怀的环境中快乐学习，健康成长。

第五，治理运行体系。清平实验学校的治理运行体系融合了自上而下、自下而上、横向互动三种方式。首先是自上而下的方式。学校实行扁平化的组织机构，副校长兼任学部或职能部门负责人。学部作为中层管理部门，集教育、教学、科研、人事、财务管理于一身；教师发展中心、行政服务中心作为职能部门，在日常工作中与学部进行协商合作。其次是自下而上的方式。学校实行学部领导下的年级主任负责制，在遵循学校办学理念的前提下，各年级可以进行教育教学领域的尝试与创新，在总结出成功经验后，可由学校领导层进行推广部署，推动学校治理更加高效。最后是横向互动方式。学校各学部、各部门分权分责，通过沟通协调，以开放动态的合作方式开展具体工作。

第三节　现代学校治理中的机制保障

在当今社会，现代学校治理需要通过各种机制保障来实现良好的治理效能和效率，这些机制包括组织架构、制度建设、信息化建设、人才培养和参与治理等，这些机制不仅相互影响，而且必须相互协调，以推进学校治理的确立、完善和不断改进。

第一，组织架构。组织架构是现代学校治理中重要的机制保障。学校应该建立一套权责清晰、科学合理的组织架构，并明确各项管理职责和权限，以保障学校管理流程的顺畅和效率。学校的管理机构应该独立设置，职能职责明确，并具备前瞻性和战略性，此外，还要根据学校的特点、规模和需求来规划组织结构。

第二，制度建设。制度建设也是现代学校治理中不可或缺的机制保障。制度建设可以明确学校各项管理工作的标准和要求，细化学校管理流程和操作规范，从而避免管理过程中的纷乱和混乱。例如，学校应该建立各类规章制度，如学生管理制度、教工管理制度和财务管理制度等，以规范学校治理。

第三，信息化建设。现代教育的快速发展，使得信息技术越来越应用于学校管理和教育教学领域。信息化建设可以提高管理效率、推进教育教学改革、优化资源配置，为学校治理提供有力的支持。例如，通过数字化教学资源库、国家教育资源公共服务平台等工具，提高学校信息化水平，促进学校治理的现代化。

第四，人才培养。学校应该建立相应的人才培养机制，加强对学生和教师的培养和发展，这可以通过制定培养目标、制定培养方案、设立评价标准等方式来实现，旨在培养有价值的人才，切实推进学校课程体系、教学内容、教学方法、教学评价和教育教学质量的不断改进。

第五，参与治理。参与治理也是现代学校治理中不可或缺的机制保障。学校应该建立开放、透明、公正的学校治理机制，充分考虑师生、家长、社会等各方的利益和意见，推动学校治理的多元化参与。例如，建立学生会、家长委员会、校友会等各类组织，以加强各方面对学校治理的参与，从而提高学校治理效率和效果。

总而言之，现代学校治理的机制保障涉及组织架构、制度建设、信息化建设、人才培养和参与治理等方面，这些方面都是紧密相连的，相互影响的。要促进学校治理的确立、完善和不断改进，必须协调推进这些机制的建设和实施，以确保学校良好的治理效能和效率。

第四节　学校治理体系与能力现代化

学校治理体系与能力现代化是根据时代的发展趋势和教育的现代化需求所提出的重要概念，它强调的是在学校运营的整个过程中，运用现代化的理念、管理思想和相关的技术手段，不断优化学校治理的模式和能力，使之满足当前和未来的要求。

学校治理体系现代化在于以开放性和科学性作为基础要素，具体可从以下方面来实现。

第一，发展战略。明确学校的根本目标和未来发展方向，同时制定有效的管理战略和措施，这将有助于学校管理者全面了解学校的需求和挑战，并能够精准地把握管理对象的变化趋势。

第二，规章制度。建立科学的规章制度体系，根据现代管理的标准和要求来完善学校的管理流程和操作规范。在制度的建立过程中需要有学生、家长、教师等各方面的积极参与，这样可以保证制度的合法合规性和可行性。

第三，信息化建设。利用现代化的信息技术手段，为学校治理提供科学化和高效化的保障。对校内外的信息进行数字化、智能化和网络化，使得学校的运营更加便捷，在任何时间、地点都可以进行在线管理和查询。

第四，师资队伍建设。加强师资队伍的建设，注重教师和学生自身的专业素养、教育理念和课程设计的创新力，建立起符合现代化要求的师生关系，这将有助于打破传统的师长制度，促进教师和学生之间的平等互动。

第五，信息透明化。建立透明、公开和负责任的学校管理制度，加强与学生、家长、社会各界之间的沟通，将学校的管理流程和工作成果向公众展示，借此促进社会各方面对学校的认同和支持。

总而言之，学校治理体系与能力现代化是一个全面体系工程，涉及管理理念、组织管理、制度建设、信息化和师资队伍建设等方面，这只有在全面推进改革创新的基础上才能够实现学校管理的现代化和全面发展。

参考文献

[1] 陈婧，范国睿. 公立中小学校法人治理结构的优化研究［J］. 教师教育研究，2018，30（5）：96-103.

[2] 崔振成. 道德领导力：中小学校长学校治理卓越化的原初动力［J］. 教学与管理（中学版），2014（12）：7-10.

[3] 窦润江，土小强. "双减"背景下课后服务创新策略的研究［J］. 文理导航（上旬），2023（3）：7-9.

[4] 胡雪芳，程天君. 协同式治理：中小学校外线上培训的监管进路［J］. 中国电化教育，2022（11）：23-31.

[5] 贾建国. 中小学校外培训机构治理的利益阻滞及其协调［J］. 教育导刊（上半月），2018（8）：28-32.

[6] 金术超. 教育现代化背景下学校治理效能提升的思考与实践［J］. 教育科学论坛，2023（10）：71.

[7] 李惠琴. 学校治理悟与行［M］. 上海：文汇出版社，2021.

[8] 李俊. 中小学校教育治理现代化面临的挑战与出路［J］. 教学与管理（理论版），2018（7）：30-32.

[9] 李立群. 学校法治教育的核心内容及其实施路径［J］. 教学与管理，2015（10）：45-47.

[10] 李伟. 教师共同体中的知识共享：困境与突破［J］. 教育发展研究，2017，37（20）：74-78.

[11] 李翔宇. 家校协同育人共同体：内涵要义与建设路径［J］. 北京教育学院学报（社会科学版），2022，36（5）：47.

[12] 刘波，王帅. 教师个人文化：教师共同体构建的必要向度［J］. 教育理论与实践，2016，36（16）：37-40.

[13] 刘璇，郑燕林. 活动理论视角下的教师共同体教研模式研究与实践［J］. 中国电化

教育，2023（4）：122-129.

[14] 陆建飞. 中小学体育安全保障体系的构建［J］. 当代体育科技，2016，6（21）：69.

[15] 罗生全. 学校课程治理的现代化要略及其实现［J］. 湖南师范大学教育科学学报，2023，22（1）：8.

[16] 缪玲. 供给侧视域下开放教育教师共同体发展的路径研究［J］. 中国成人教育，2020（19）：70-74.

[17] 牛宝荣，李如密. 由"共同"走向"共通"：教师共同体的现实藩篱与实现路径［J］. 当代教育科学，2020（8）：40-45.

[18] 郄芳. 当前中小学法治教育的现状及完善［J］. 中国德育，2019（2）：24-28.

[19] 邱德峰，李子建. 教师共同体的发展困境及优化策略［J］. 河北师范大学学报（教育科学版），2018，20（2）：53-58.

[20] 沈佳乐. 教师共同体的要素及其情境分析［J］. 课程. 教材. 教法，2015，35（4）：105-109.

[21] 宋浩浩，张海洋. "双减"政策背景下义务教育阶段课后服务保障体系研究［J］. 教育理论与实践，2023，43（14）：9-13.

[22] 王瑞德. 关系视角下教师共同体的审视与建构［J］. 基础教育，2014，11（2）：99-105.

[23] 王天晓. 对善治的追求：教师共同体治理的系统分析［M］. 北京：教育科学出版社，2013.

[24] 王天晓. 试析教师共同体治理的制度建设模型——基于对学校制度创新的尝试［J］. 中国教育学刊，2013（11）：83.

[25] 王天晓. 网络关系：教师共同体管理的新视点［J］. 中小学教师培训，2011（8）：19-21.

[26] 王天晓. 校长专业化建设：教师共同体管理视角［J］. 中国教育学刊，2012（1）：42-44.

[27] 魏宝宝，龚文建，何易杰，等. 教师共同体在中小学构建的实践与思考［J］. 现代教育科学，2018（7）：1-7+42.

[28] 魏宝宝，孟凡丽. 教师共同体构建：蕴含价值、现实困境与实现路径［J］. 当代教育论坛，2019（4）：23-33.

[29] 吴开俊，庾紫林，黄炳超. "双减"政策下课后服务的生态变化及多元协同［J］. 中国教育学刊，2023（3）：12-17.

[30] 夏雪. 从共享到共进：教师共同体建构的价值演进［J］. 教育理论与实践，2020，

40（22）：38-41.

[31] 谢海波. 网络教师共同体知识建构研究 [J]. 现代教育技术，2011，21（7）：85-88.

[32] 徐志辉. 基于发展学生核心素养的德育创新与实践 [J]. 中小学德育，2017（6）：42.

[33] 严清，曾素林."强师计划"下中小学教师专业发展的新内涵与新路向 [J]. 平安校园，2022（11）：54.

[34] 演欣荣. 中小学学校治理的现实困境与改进思路 [J]. 教学与管理（中学版），2019（10）：11-13.

[35] 张建，钟帅丽. 学校治理中家长委员会的能动图景及其支持条件 [J]. 教育研究与实验，2022（6）：72-79.

[36] 张雷. 学校治理视野下中小学自主办学问题研究——基于S市的问卷调查分析 [J]. 上海教育科研，2020（1）：15-19.

[37] 张思. 在线教师共同体模型及应用研究 [J]. 中国远程教育（综合版），2019（3）：69-76.

[38] 张笑予，祁占勇，穆敏娟. 新时代家长学校治理的价值意蕴与实践逻辑 [J]. 当代教育科学，2021（10）：58-67.

[39] 赵佳丽. 学校课程治理现代化的公共逻辑与发展 [J]. 当代教育科学，2022（3）：34.

[40] 赵伟，赵士谦. 中小学法治教育实施困境与对策 [J]. 山西师大学报（社会科学版），2017（7）：109-112.

[41] 钟林凤，谭净. 中小学研学旅行安全保障体系的构建 [J]. 成才，2018（1）：8.